Boîte à lunch
pour enfants

L'éditeur tient à remercier la Boutique *Mortimer Snodgrass*
pour le prêt de la vaisselle et des accessoires lors de la séance photo.

© Marie-Claude Morin et Les Publications Modus Vivendi inc., 2010

LES PUBLICATIONS MODUS VIVENDI INC.
55, rue Jean-Talon Ouest, 2e étage
Montréal (Québec) H2R 2W8
Canada

www.modusaventure.com

Éditeur : Marc Alain
Éditrice adjointe : Isabelle Jodoin
Designer graphique : Émilie Houle
Photographe : André Noël
Styliste culinaire : Simon Roberge
Photographe des enfants et de Marie-Claude Morin : André Rozon

ISBN 978-2-89523-671-9

Dépôt légal - Bibliothèque et Archives nationales du Québec, 2010
Dépôt légal - Bibliothèque et Archives Canada, 2010

Nous reconnaissons l'aide financière du gouvernement du Canada par l'entremise du Fonds du livre du Canada pour nos activités d'édition.

Gouvernement du Québec - Programme de crédit d'impôt pour l'édition de livres - Gestion SODEC

Imprimé au Québec

Boîte à lunch
pour enfants

Des recettes et des idées pour 5 lunchs par semaine,
180 lunchs par année !

Marie-Claude Morin

MODUS VIVENDI

Pour les matins d'école...
qui reviennent si souvent !!!

Les beaux sourires d'enfants sont de Élie Crighton, Dahlia et Kira Desrochers, Simon Kitchen, Dalia et Jasmine Jaja, Cedricson Okitundu, Orélie Soucy-Brunet, Raphaël Vanasse, Bili et Dali Viscasillas.

Table des matières

Introduction

5 lunchs par semaine, 180 lunchs par année, ouf!

Au début de l'année scolaire, on se demande toujours si on va survivre jusqu'à la fin. Qu'est-ce que je vais mettre dans cette boîte à lunch ??? Si c'est la question que vous vous posez jour après jour, ce livre est peut-être la réponse à votre casse-tête quotidien. C'est vrai que l'inspiration finit par nous manquer. J'espère donc pouvoir vous inspirer avec des idées de recettes pour la boîte à lunch. Inculquer de bonnes habitudes alimentaires à nos enfants est essentiel. Il faut le faire quand ils sont jeunes. Un enfant qui mange bien est un enfant concentré, vivant, pimpant, allumé. N'est-ce pas un bon départ pour la vie ???

Qu'est-ce qu'on met dans cette boîte à lunch?

1. On met de l'ÉNERGIE! On retrouve cette énergie sous forme de glucides dans le pain des sandwichs, dans les pâtes, dans le riz et les céréales. Pour les céréales, on essaie d'opter pour des céréales à grains entiers qui contiennent beaucoup de fibres et de vitamines. Choisissez des céréales qui contiennent le moins de gras, de sucre et de sel possible. Quant au pain tranché, pas toujours facile de s'y retrouver. On préconise un pain qui offre au moins 3 g de fibres par tranche. Il faut compter 4 à 6 portions de produits céréaliers par jour pour les enfants.

2. On met des PROTÉINES! On les retrouve dans la viande, le tofu, le poisson, les œufs et le fromage. Une portion équivaut à ¾ tasse (175 ml) de légumineuses ou de tofu, à ½ tasse (120 g) de poisson, de volaille ou de viande, à 2 œufs ou à ½ tasse (50 g) de fromage râpé. On parle beaucoup des charcuteries depuis quelques années, en raison des nitrites qu'elles contiennent. On nous conseille donc d'en consommer le moins souvent possible. Surtout que ce sont des viandes très salées. Sans les bannir totalement, on peut trouver des solutions plus santé.

3. On met des FRUITS et LÉGUMES! L'idéal est 5 à 6 portions par jour pour les enfants d'âge scolaire. Les fruits et légumes sont gorgés d'eau, de vitamines et de minéraux. On varie le choix. On varie les couleurs. Et on préfère les fruits et les légumes frais aux jus. Une portion représente environ ½ tasse (120 g) de fruits ou de légumes.

4. On met des PRODUITS LAITIERS! On choisit ceux qui contiennent le moins de matières grasses. On comptera entre 2 à 4 portions par jour de lait, de yogourt ou de fromage.

La boîte à lunch parfaite?

- 1 portion de protéines
- 1 portion de produits céréaliers
- 1 légume
- 1 produit laitier
- 1 fruit

Ajoutez à cette boîte à lunch parfaite quelques collations équilibrées. Pour les breuvages, on privilégie l'eau en tout temps ou le lait. Si vous choisissez un jus, optez pour un jus naturel et n'hésitez pas à le diluer avec de l'eau. Les enfants consomment beaucoup trop de calories sous forme de jus ou autres boissons. Cela représente jusqu'au quart des calories consommées dans une journée chez certains enfants. Allons-y mollo!

S'éloigner de la malbouffe

Mes enfants me demandent souvent si tel ou tel aliment COMBAT LES VIRUS? C'est la façon que nous avons trouvée pour leur expliquer qu'il y a de bons et de moins bons aliments. Il est important de trouver une façon d'expliquer la malbouffe aux enfants. Il ne faut pas nier sa présence. Elle est attirante pour les papilles gustatives et difficile à contourner. Il faut pouvoir expliquer que les choses qui sont bonnes au goût ne le sont pas nécessairement pour la santé. Il faut apprendre aux enfants à ne pas en abuser. Les problèmes reliés au poids sont de plus en plus fréquents chez les plus jeunes. On doit montrer des images positives de la santé et de gens qui sont en santé. Pourquoi ne pas commencer par nous ? Faisons l'effort d'être actif et de bien manger. Prêchons par l'exemple ! Le combat n'est pas facile. C'est David contre Goliath. Les enfants sont inondés et influencés par la publicité. Les budgets de publicité pour la restauration rapide explosent, alors que la promotion de l'alimentation santé se fait plutôt discrète. Heureusement, la plupart des écoles ont maintenant des règles et des engagements en matière d'alimentation. Ça nous facilite un peu la vie.

La tentation d'acheter des produits préparés est aussi très grande. On manque de temps, on court et on choisit des produits préparés. Ce n'est pas un mauvais choix en soi, mais ces produits contiennent souvent beaucoup de sucre, de gras et de sel. Ce livre de recettes vous permettra peut-être d'éviter cette tentation. Plus on cuisine, plus on contrôle la liste des ingrédients. Plutôt que d'acheter du hummus du commerce, on le cuisine en 5 minutes avec moins

de sel et de gras. Si vous achetez des produits préparés, lisez les étiquettes et familiarisez-vous avec les tableaux de valeur nutritive. Les ingrédients sont toujours placés en ordre décroissant sur l'étiquette. Si le sucre arrive en tête de liste, c'est qu'il est l'ingrédient majeur du produit que vous tenez entre vos mains. Et si vous ne connaissez pas les mots que vous lisez sur la liste des ingrédients : sauve qui peut !

Économique et écologique

Cuisiner le contenu de vos boîtes à lunch vous permettra de faire des économies. Vous éviterez les produits prélavés, les produits préemballés et les produits préparés qui coûtent toujours plus cher. Acheter en grande quantité vous permettra aussi de réduire vos dépenses. Pourquoi ne pas confectionner vos formats individuels de yogourt, de compote ou de fruits séchés ? Pourquoi acheter des petites bouteilles d'eau ou de jus alors qu'il est si facile de remplir une bouteille isotherme ou une bouteille en acier inoxydable ? En début d'année scolaire, faites le plein de bouteilles isothermes et de contenants de plastique de tous les formats. Votre enfant pourra rapporter ses contenants à la maison tous les jours. C'est vrai qu'ils sont attrayants les petits jus en boîte, mais on peut donner l'image aux enfants d'une énorme montagne de petits jus au dépotoir. On peut les garder pour des occasions vraiment très spéciales.

Consommez-vous localement ? Essayez d'utiliser le plus possible des produits de saison pour la confection des lunchs. Vous offrirez de la variété à vos enfants au fil des saisons et vous encouragerez les producteurs de votre région. Rien de mieux qu'un aliment qui n'a pas fait le tour du monde avant de se retrouver dans notre assiette. Vous aimeriez aussi pouvoir nourrir vos enfants avec des aliments issus de culture biologique ? Faites-le à la mesure de vos moyens. On ne peut pas être parfait dans tout. Il faut se féliciter pour tous nos petits gestes faits en faveur de la planète.

Faire évoluer les enfants

Bien des parents sont aux prises avec des enfants difficiles. Je ne fais pas exception à la règle. Les petits caprices peuvent rapidement devenir un véritable casse-tête. Il ne faut pas abandonner, mais persévérer et intégrer les nouveaux aliments petit à petit. J'aime bien l'idée de la récompense pour essayer de nouveaux aliments. Pour quelque chose que tu n'as jamais goûté, je vais te récompenser avec quelque chose que tu aimes beaucoup. Tu vas peut-être faire de belles découvertes...

J'aime aussi l'idée de donner le choix à l'enfant plus difficile. Pourquoi ne pas proposer trois légumes à déposer dans la boîte à lunch ? Il pourra choisir celui qu'il préfère. Il aura l'impression de décider et vous aurez guidé ses choix. Je me répète souvent qu'il ne faut pas trop faire la morale aux enfants et vouloir tout contrôler. La boîte à lunch ne doit quand même pas devenir le centre de l'univers.

Faire les lunchs avec les enfants peut aussi les inciter à manger davantage ce qu'ils ont préparé.

Pourquoi ne pas faire une corvée de légumes le dimanche soir ? Vous aurez votre réserve pour la semaine. Usez d'imagination pour couper les légumes et les rendre plus attrayants. Trouvez des idées pour donner du punch à vos boîtes à lunch. Les jeunes enfants sont toujours friands de dessins et de petits mots d'amour.

Variez les types de contenants. Assurez-vous de pouvoir les recycler et de les nettoyer à l'eau savonneuse avant de les réutiliser. Même chose avec la boîte à lunch de l'enfant. Comme on leur fait la vie dure, choisissez une boîte à lunch résistante et isotherme. Si l'enfant doit faire chauffer son lunch au micro-ondes, utilisez un contenant qui peut être chauffé à haute température. Évitez les contenants de margarine ou du même genre et proscrivez les pellicules plastiques.

Planification

Manque de temps pour préparer les lunchs ? Préparez tout la veille. C'est peut-être la meilleure façon de ne pas trop s'énerver et de finir par trouver que les lunchs sont un véritable fardeau. Cuisiner la fin de semaine peut aussi vous donner un coup de pouce. Vous aurez une longueur d'avance au fil de la semaine. Si vous cuisinez en grande quantité, vous pourrez congeler ou réchauffer les restes de la veille pour un lunch rapide. Évitez cependant de refiler aux enfants des restes salissants ou des restes dont l'odeur empestera la cafétéria de l'école.

Les allergies

Les allergies sont le nouveau défi des parents et des écoles. Jusqu'à 6 % des enfants souffrent d'allergies alimentaires, particulièrement aux arachides et aux noix. J'avoue que ça a été mon plus grand défi pour la confection de ce livre et pour l'entrée à l'école de mes enfants. Comme ils sont végétariens, je me suis rendu compte que les noix faisaient vraiment partie de notre quotidien. Il a fallu que j'apprenne à cuisiner différemment. Cela dit, les recettes de ce livre ne contiennent ni arachides ni noix. Le seul ingrédient qui pourrait poser problème reste le pesto. Comme il est souvent confectionné avec des noix de pin, vérifiez bien la liste des ingrédients et informez-vous auprès de la direction de votre école pour connaître la liste des aliments à éviter.

Note...

- J'utilise toujours des gros œufs pour mes recettes.

- J'utilise un four conventionnel pour la cuisson. Le temps de cuisson peut varier selon le type de four que vous utilisez.

- Si l'utilisation de la mayonnaise dans les recettes vous embête, remplacez-la par la même quantité de yogourt ou de crème sure. La recette sera moins onctueuse mais tout aussi bonne.

Bon appétit !!!

Petit creux

Les collations reviennent jour après jour... On veut rassasier les enfants sans leur couper l'appétit. Les enfants ont besoin de collations nutritives. On dit oui aux fruits à croquer, aux fruits en salade et aux fruits en compote. On dit oui au grand choix de biscottes santé. On dit oui aux crudités : de la carotte aux bâtonnets de chou-rave, du célèbre céleri aux pois mange-tout. On ajoute de la couleur avec le poivron, le brocoli, le concombre et la tomate. Bienvenue dans le monde du petit creux.

Variations pour yogourt

Le yogourt est un aliment formidable. Les enfants adorent le yogourt. Le yogourt nature est particulièrement intéressant pour sa polyvalence. Je vous propose quelques recettes pour assaisonner le yogourt nature.

Érable

1½ tasse	yogourt nature	375 ml
4 c. à thé	sirop d'érable	20 ml

muesli

1½ tasse	yogourt nature	375 ml
4 c. à thé	miel	20 ml
¼ tasse	muesli	60 ml

framboise

1½ tasse	yogourt nature	375 ml
4 c. à thé	confiture à la framboise	20 ml

pomme et cannelle

1½ tasse	yogourt nature	375 ml
½ tasse	compote de pommes	125 ml
¼ c. à thé	cannelle	1 ml

ananas

1½ tasse	yogourt nature	375 ml
½ tasse	ananas frais, en dés	125 ml
1 c. à soupe	miel	15 ml
¼ c. à thé	zeste de citron	1 ml

La gâterie suprême ? Laisser égoutter le yogourt nature une trentaine de minutes dans un filtre à café déposé dans une passoire. Il deviendra crémeux à souhait. Ajouter les ingrédients de la garniture de votre choix.

Trempette aux herbes

Servir avec les crudités que vos enfants préfèrent. Elle est particulièrement bonne avec les champignons et les poivrons. On peut aussi l'utiliser comme condiment à sandwichs.

⅔ tasse	crème sure légère	150 ml
2 c. à soupe	mayonnaise	30 ml
1 c. à soupe	pesto	15 ml
½ tasse	herbes fraîches au choix, hachées	125 ml
	sel et poivre au goût	

Dans un petit bol, mélanger tous les ingrédients. Pour les herbes fraîches, osez... J'aime beaucoup le mélange persil plat et coriandre.

Trempette à la crème

Excellente avec les crudités et les biscottes. Gardez toujours une réserve à la maison de biscottes santé à grains entiers, de craquelins de riz, de grissols, de galettes de riz soufflé, de pailles au fromage...

½ tasse	fromage à la crème léger	125 ml
½ tasse	crème sure légère	125 ml
1 c. à soupe	parmesan, fraîchement râpé	15 ml
1 c. à thé	flocons d'oignon	5 ml
1 c. à soupe	ciboulette fraîche, hachée	15 ml
1 c. à soupe	basilic frais, haché	15 ml
	sel et poivre au goût	

Au robot, mélanger le fromage à la crème et la crème sure. Déposer dans un petit bol. Ajouter le reste des ingrédients. Bien mélanger. Si vous n'avez pas de parmesan frais, vous pouvez mettre ¼ tasse (60 ml) de cheddar fort râpé finement.

Trempette de tofu

Servir cette trempette en guise de collation avec des crudités ou des biscottes. Si vous voulez l'utiliser comme garniture à sandwichs, n'ajoutez pas d'eau à la recette. La tartinade sera plus ferme.

1 bloc	tofu ferme	454 g	¼ tasse	jus de citron frais	60 ml
1	carotte	1	2 c. à soupe	huile d'olive	30 ml
1	branche de céleri	1	2 c. à soupe	eau	30 ml
½	poivron (couleur au choix)	½	2 c. à thé	moutarde de Dijon	10 ml
1	gousse d'ail	1		sel et poivre au goût	
¼ tasse	oignon, haché	60 ml			

Réduire tous les ingrédients en purée au robot culinaire. Assaisonner généreusement.

Trempette aux haricots blancs

Si vous avez de la difficulté à mettre la main sur du fromage quark, remplacez par du labneh, de la crème sure ou du yogourt.

1 boîte	haricots blancs	540 ml	½ tasse	carotte	125 ml
½ tasse	fromage frais (de type quark)	125 ml	1 c. à soupe	échalote	15 ml
1 c. à soupe	huile d'olive	15 ml	1 pincée	cumin	1 pincée
1 c. à soupe	jus de citron frais	15 ml		sel et poivre au goût	

Rincer et égoutter les haricots blancs. Déposer dans le robot. Ajouter le reste des ingrédients et réduire en purée. Assaisonner au goût.

Mini-trempette en étages

Voici une idée de trempette à servir en portions individuelles dans des petits contenants de plastique. Servir avec des pointes de pita grillé, des pointes de tortillas ou dans les occasions spéciales avec des nachos.

1 c. à soupe	fromage à la crème léger	15 ml
1 c. à soupe	crème sure légère	15 ml
1 c. à soupe	sauce chili	15 ml
1 c. à soupe	haricots noirs	15 ml
1 pincée	cumin	1 pincée
2 c. à soupe	cheddar fort, râpé*	30 ml
1	tomate cerise, hachée	1
2 c. à thé	oignon vert, émincé	10 ml

Mélanger le fromage à la crème et la crème sure. Déposer dans le fond d'un petit contenant en plastique.

Ajouter la sauce chili, puis les haricots noirs. Assaisonner d'une pincée de cumin. Ajouter l'étage de cheddar râpé. Ajouter finalement la tomate et l'oignon vert. Refermer le contenant en plastique. Les enfants pourront découvrir les étages de la trempette au moment du lunch.

* Utiliser le côté de la râpe qui permet de râper le plus finement possible.

Pita grillé

4	pitas	4
2 c. à thé	huile d'olive	10 ml
¼ c. à thé	cumin	1 ml
½ c. à thé	paprika	2,5 ml

Couper les pains pitas en pointe. Badigeonner d'huile d'olive. Déposer sur une plaque à biscuits. Saupoudrer de cumin et de paprika au goût. Cuire au four à 350 °F (175 °C) une dizaine de minutes.

Bruschettas aux poivrons

Donne une vingtaine de bouchées. Déposez la salade dans un contenant hermétique et les croûtons de pain dans un petit sac. Votre enfant pourra concocter ses bruschettas. Pour les enfants un peu plus vieux !

1	baguette	1
1 tasse	poivron orange, en dés	250 ml
1 tasse	tomate, en dés	250 ml
⅓ tasse	concombre libanais, en dés	75 ml
2 c. à soupe	parmesan, fraîchement râpé	30 ml
1 c. à soupe	huile d'olive	15 ml
1	gousse d'ail, émincée	1
1 c. à soupe	ciboulette fraîche, hachée	15 ml
1 c. à soupe	basilic frais, haché	15 ml
	sel et poivre au goût	

Trancher la baguette. Faire rôtir au goût des enfants.

Dans un bol, mélanger le reste des ingrédients. Assaisonner au goût. À l'aide d'une cuillère, l'enfant pourra déposer le mélange sur ses croûtons de pain.

Mini-tomates

20	**tomates cerises**	20
¼ tasse	**fromage à la crème**	60 ml
4 c. à thé	**pesto**	20 ml

Couper la tête des tomates cerises. À l'aide d'une petite cuillère, vider le contenu des tomates.

Dans un petit bol, mélanger le fromage à la crème ramolli et le pesto.

Remplir les tomates du mélange au fromage.

Brochettes alléchantes

Belle idée de collation que de confectionner des petites brochettes à l'aide de cure-dents ou de brochettes de bois.

- Kiwi – Fraise
- Cantaloup – Melon miel
- Raisin – Ananas
- Datte – Abricot – Figue séchée

- Fromage en grains – Emmental
- Cheddar de vache – Cheddar de chèvre
- Mozzarella – Havarti
- Monterey Jack – Gouda

Pour les brochettes de fruits, on essaie de choisir des fruits qui vont garder leur texture et leur belle couleur dans la boîte à lunch. Pour les brochettes de fromage, on essaie de varier la forme des morceaux de fromage et d'alterner entre des fromages que vos enfants adorent et des fromages qu'ils connaissent un peu moins.

Mélange de fruits séchés

½ tasse	noix de coco, rôtie	125 ml
¼ tasse	canneberges séchées	60 ml
¼ tasse	raisins secs	60 ml
½ tasse	dattes séchées	125 ml
5	abricots séchés	5

Dans une poêle, faire griller la noix de coco à sec. J'aime utiliser de la noix de coco en gros morceaux pour faire cette recette.

Dans un bol, déposer la noix de coco. Ajouter les canneberges, les raisins secs, les dattes hachées grossièrement et les abricots hachés finement.

Le tour est joué !!!

Compote de poires

2 tasses	poires bien mûres	500 ml
½ tasse	ananas, en dés	125 ml
¼ tasse	eau	60 ml
¼ c. à thé	gingembre, moulu	1 ml
1 c. à thé	sucre	5 ml

Peler les poires et les couper en dés. Déposer tous les ingrédients dans un petit chaudron. Faire cuire à découvert 10 minutes à feu moyen. Réduire en purée au robot.

Tartinade aux bleuets

2 tasses	bleuets frais	500 ml
¼ tasse	eau	60 ml
4 c. à thé	sucre	20 ml

Déposer tous les ingrédients dans un petit chaudron. Faire cuire à découvert 10 minutes à feu moyen. Servir sur du yogourt, des biscottes ou un bon morceau de pain chaud. Faire la même recette avec tous les petits fruits de votre choix.

Beurre aux dattes

1 tasse	dattes séchées	250 ml
1 tasse	eau	250 ml
2 c. à soupe	beurre	30 ml

Couper les dattes en dés. Déposer dans un bol allant au micro-ondes avec l'eau. Faire cuire à haute intensité 3 à 4 minutes. Ajouter le beurre et laisser reposer 15 minutes. Réduire en purée au robot. Un délice sucré naturellement !

Fromage fruité

½ tasse	fromage à la crème léger	125 ml
2 c. à soupe	confiture aux fraises	30 ml

Laisser ramollir le fromage à la température de la pièce. Ajouter la confiture. Mélanger à la fourchette ou au robot pour une texture plus crémeuse. Vous pouvez faire cette recette avec la confiture de votre choix. À tartiner !

Shake Shake Shake !!!
aux fraises

8	fraises	8
1 c. à soupe	sucre	15 ml
1 tasse	lait de soja	250 ml
¾ tasse	tofu soyeux	150 g
¾ tasse	yogourt nature	175 ml

Déposer tous les ingrédients dans un mélangeur ou un robot. Réduire en jus. Verser dans le thermos de votre enfant. Donne environ 3 tasses (750 ml) de « shake ».

à l'orange

1 tasse	jus d'orange	250 ml
1 tasse	lait de soja	250 ml
½ tasse	yogourt à la vanille	125 ml

Déposer tous les ingrédients dans un mélangeur ou un robot. Réduire en jus. Verser dans le thermos de votre enfant. Vous pouvez ajouter quelques glaçons à la recette pour consommation immédiate.

à la framboise

1	banane	1
1 tasse	framboises fraîches	250 ml
1½ tasse	lait	375 ml

Déposer tous les ingrédients dans un mélangeur ou un robot. Réduire en jus. Verser dans le thermos de votre enfant. C'est une recette pour les enfants qui aiment le goût de la banane. Pour une boisson plus sucrée, ajouter un filet de sirop d'érable.

salades en boîte

Il faut se rendre à l'évidence... Les salades n'ont pas toujours la cote avec les enfants. Je vous propose des salades avec des ingrédients que les enfants adorent. Voici donc des recettes de salades à base de pâtes, de céréales et de pommes de terre. Elles sont invitantes, nourrissantes et consistantes. Et elles vont bien survivre au choc du transport dans la boîte à lunch jusqu'à l'école... Ça brasse là-dedans !!!

Salade de quinoa

Le quinoa est une céréale à découvrir. Il est riche en protéines et en fer et on le trouve de plus en plus facilement dans les épiceries. Bien le rincer avant de le cuisiner.

1 tasse	quinoa rouge ou blanc	250 ml
2 tasses	bouillon de légumes	500 ml
½	tomate, coupée en dés	½
1	concombre libanais, coupé en dés	1
1	oignon vert, émincé	1
½ tasse	haricots noirs en boîte, rincés et égouttés	125 ml
½ tasse	persil frais, haché	125 ml
2 c. à soupe	huile d'olive	30 ml
2 c. à soupe	vinaigre de cidre	30 ml
2 c. à soupe	jus d'orange	30 ml
1 c. à soupe	moutarde de Dijon	15 ml
½ c. à thé	zeste d'orange	2,5 ml
	sel et poivre au goût	

Dans une poêle, à feu moyen-vif, faire griller le quinoa à sec 1 à 2 minutes.

Dans un chaudron, déposer le quinoa et le bouillon de légumes. Cuire à couvert 15 minutes, ou jusqu'à ce que l'eau soit totalement absorbée. Laisser refroidir.

Déposer le quinoa dans un bol à salade. Ajouter le reste des ingrédients. Bien remuer.

Variante : Ajouter ½ tasse (125 ml) de feta émiettée au mélange.

Salade de macaroni au thon

Vous pouvez utiliser de la salsa douce du commerce ou une salsa maison.

2½ tasses *	macaroni, non cuit	625 ml	3 c. à soupe	salsa douce	45 ml
1 boîte	thon, égoutté	133 g	1 c. à soupe	huile d'olive	15 ml
10	olives farcies, tranchées	10	1 c. à soupe	vinaigre	15 ml
1	oignon vert, émincé	1		sel et poivre au goût	
½ tasse	persil frais, haché	125 ml			

Faire cuire les pâtes selon les indications du fabricant. Rincer, égoutter et refroidir.

Déposer les pâtes dans un bol. Ajouter le thon, les olives, l'oignon vert et le persil.

Incorporer les ingrédients de la vinaigrette. Saler et poivrer au goût.

* 2½ tasses de macaroni représentent la moitié d'une boîte de pâtes de 375 g ou 4 tasses de macaroni cuit.

Salsa maison rapide

Vous pouvez utiliser de la salsa douce du commerce ou une salsa maison.

1 boîte	tomates italiennes	796 ml	1	lime, pressée	1
1 c. à soupe	pâte de tomate	15 ml	1 c. à soupe	huile d'olive	15 ml
½	oignon espagnol, coupé en dés	½	½ c. à thé	cumin	2,5 ml
½	poivron vert, coupé en dés	½	¾ tasse	coriandre fraîche	175 ml

Égoutter les tomates. Déposer tous les ingrédients dans le robot. Réduire en purée jusqu'à la consistance désirée. Assaisonner au goût.

Pommes de terre et saucisses en salade

Choisissez les saucisses que vos enfants préfèrent pour réaliser cette recette : saucisses au poulet, saucisses italiennes, saucisses végé... La quantité d'huile en fera peut-être sourciller quelques-uns, mais c'est tellement bon...

3 tasses	pommes de terre, en dés	750 ml
½ livre	merguez	225 g
½	poivron, en dés	½
⅓ tasse	courgette, en dés	75 ml
2	oignons verts, émincés	2
¼ tasse	huile d'olive	60 ml
2 c. à soupe	vinaigre de cidre	30 ml
2 c. à thé	moutarde de Dijon	10 ml
¼ tasse	persil frais, haché	60 ml
1	gousse d'ail, émincée	1
½ c. à thé	curcuma	2,5 ml

Dans un chaudron, faire cuire les pommes de terre dans une grande quantité d'eau bouillante. Égoutter et tiédir.

Pendant ce temps, bien faire griller les merguez dans une poêle. Refroidir et couper en rondelles.

Dans un bol, déposer les pommes de terre et les saucisses. Ajouter le reste des ingrédients. Bien mélanger. Réfrigérer avant de servir.

Salade de brocoli

Je fais cette recette une fois par semaine. Les enfants adorent...

1 c. à soupe	**huile d'olive**	15 ml
½ bloc	**tofu, en dés**	225 g
1 c. à soupe	**sauce soja**	15 ml
4 tasses	**brocoli**	1 l
½ tasse	**cheddar, en dés**	125 ml
1	**oignon vert, émincé**	1
1 c. à soupe	**mayonnaise**	15 ml
1 c. à soupe	**huile d'olive**	15 ml
1 c. à soupe	**vinaigre de cidre**	15 ml
	sel et poivre au goût	

Dans une poêle, à feu moyen-vif, faire revenir le tofu dans l'huile d'olive 2 à 3 minutes. Ajouter la sauce soja et laisser dorer le tofu. Remuer régulièrement pour que tous les côtés des cubes de tofu soient dorés. Réserver.

Faire cuire le brocoli à la vapeur. Réserver.

Dans un bol, déposer le tofu et le brocoli. Ajouter le fromage, l'oignon vert et les ingrédients de la vinaigrette. Servir froid.

Salade de pommes de terre au thon

Je vous propose une salade de pommes de terre sans mayonnaise. Elle est délicieuse.

3 tasses	pommes de terre grelot	750 ml
1 boîte	thon en morceaux, égoutté	133 g
1	oignon vert, émincé	1
10	olives farcies	10
⅓ tasse	poivron rouge, en dés	75 ml
10	tomates cerises	10
2	œufs durs, tranchés	2
2 c. à soupe	huile d'olive	30 ml
2 c. à thé	moutarde de Dijon	10 ml
2 c. à soupe	jus de citron frais	30 ml
½	gousse d'ail, pressée	½
	sel et poivre au goût	

Couper les pommes de terre en deux ou en quatre. Conserver la pelure. Faire cuire dans une grande quantité d'eau bouillante, égoutter et laisser refroidir.

Déposer les pommes de terre dans un bol. Ajouter le thon, l'oignon vert, les olives tranchées, le poivron rouge et les tomates coupées en deux.

Incorporer les ingrédients de la sauce : l'huile, la moutarde, le jus de citron et l'ail. Bien mélanger. Ajouter délicatement les œufs tranchés. Assaisonner au goût.

Salade de tomates cerises

Si vos enfants n'aiment pas les asperges, remplacez-les par 1 tasse (250 ml) du légume de votre choix : brocoli cuit, bâtonnets de courgette, chou-fleur cuit...

2 tasses	tomates cerises	500 ml
12	asperges	12
1	oignon vert, émincé	1
1	concombre libanais, en dés	1
1	gousse d'ail, émincée	1
10 feuilles	basilic frais, hachées	10
½ tasse	coriandre fraîche, hachée	125 ml
1 c. à soupe	jus de citron	15 ml
1 c. à soupe	huile d'olive	15 ml
	sel et poivre au goût	

Couper les tomates en deux et déposer dans un bol.

Déposer les asperges sur une plaque à biscuits avec un peu d'huile et de sel. Cuire au four sous le gril à 500 °F (250 °C) une dizaine de minutes. Tourner les asperges à mi-cuisson. Laisser refroidir.

Ajouter les asperges aux tomates. Ajouter le reste des ingrédients. Servir.

Salade de fusilli

Les pâtes, les pâtes, les pâtes… Les enfants pourraient en manger tous les jours. Reste à varier et à innover quand vient le temps de les déguster.

1 boîte	**fusilli aux légumes**	375 g	2 c. à soupe	**vinaigre de riz**	30 ml
2 tasses	**brocoli, cuit**	500 ml	2 c. à soupe	**vinaigre de vin rouge**	30 ml
½ tasse	**pois surgelés**	125 ml	2 c. à soupe	**sauce soja**	30 ml
2	**oignons verts, émincés**	2	1 c. à soupe	**tahini**	15 ml
½	**poivron orange**	½	1	**gousse d'ail, pressée**	1
10	**mini-carottes**	10	¼ c. à thé	**gingembre moulu**	1 ml
2 c. à soupe	**huile d'olive**	30 ml		**sel et poivre au goût**	
2 c. à thé	**huile de sésame**	10 ml			

Faire cuire les pâtes selon les indications du fabricant.

Rincer, égoutter et réserver. Pendant ce temps, faire cuire le brocoli et les petits pois à la vapeur. Réserver.

Couper le poivron et les mini-carottes en lanières. Dans un bol à salade, déposer tous les ingrédients.

Assaisonner au goût. Bien mélanger. Réfrigérer.

Salade de chou

Une belle salade croquante qui ne perdra rien de sa vigueur entre le départ de la maison et le lunch du midi.

2 tasses	chou	500 ml
2	carottes	2
1	concombre libanais	1
¼ tasse	oignon rouge, haché	60 ml
4 c. à thé	huile d'olive	20 ml
4 c. à thé	vinaigre de vin rouge	20 ml
1	petite gousse d'ail, pressée	1
½ c. à thé	sucre	2,5 ml
½ c. à thé	paprika	2,5 ml
	sel et poivre au goût	

Couper le chou en fines lanières. Déposer dans un bol à salade.

Couper les carottes en deux dans le sens de la longueur pour ensuite les trancher à la mandoline. Faire la même chose avec le concombre libanais. Déposer dans le bol à salade. Ajouter l'oignon rouge.

Incorporer les ingrédients de la vinaigrette et bien mélanger.

Légumineuses minute

Utilisez un saucisson sec de type chorizo.

1 boîte	légumineuses mélangées	540 ml
½ tasse	cheddar, en dés	125 ml
¼ tasse	saucisson sec, en dés	60 ml
1	oignon vert, émincé	1
½	concombre, en dés	½
1 tasse	laitue iceberg, en dés	250 ml
2 c. à soupe	huile d'olive	30 ml
2 c. à soupe	vinaigre	30 ml
	sel et poivre au goût	

Dans un bol à salade, déposer les légumineuses rincées et égouttées*.

Ajouter le reste des ingrédients et mélanger.

Servir bien froid et croquant. La laitue iceberg donne le croquant à cette salade qui se conserve bien dans la boîte à lunch.

* Il est important de toujours bien rincer les légumineuses pour enlever l'excédent de sel.

Salade riz et lentilles

La compagnie Clic propose du riz sauvage en boîte qu'il suffit de rincer et d'égoutter avant utilisation. Sinon, cuire le riz sauvage une quarantaine de minutes dans une grande quantité d'eau bouillante.

1 tasse	riz sauvage, cuit	250 ml
1 boîte	lentilles	540 ml
½	poivron rouge, en dés	½
1	concombre libanais, en dés	1
¼ tasse	oignon rouge, haché	60 ml
5	tomates cerises	5
¼ tasse	coriandre fraîche, hachée (facultatif)	60 ml
1 c. à soupe	huile d'olive	15 ml
2 c. à soupe	vinaigre de vin rouge	30 ml
1 filet	huile de sésame	1 filet
	sel et poivre au goût	

Dans un bol à salade, déposer le riz sauvage ainsi que les lentilles rincées et égouttées.

Ajouter le poivron rouge, le concombre, l'oignon rouge et les tomates coupées en deux.

Ajouter la coriandre*. Incorporer les ingrédients de la vinaigrette. Assaisonner au goût.

On peut aussi ajouter des amandes effilées grillées à cette salade, si on la sert à la maison.

* La coriandre fraîche n'est pas une herbe facile à apprivoiser à cause de son goût prononcé. Allez-y selon le goût de vos enfants.

Salade de couscous

La sensation du couscous dans la bouche est très agréable. On sent tous les petits grains qui sautillent.

1 tasse	couscous	250 ml
1 tasse	eau	250 ml
1 c. à soupe	pesto	15 ml
½ tasse	maïs surgelé	125 ml
5	tomates cerises, coupées en deux	5
⅓ tasse	poivron rouge	75 ml
½ tasse	haricots rouges en boîte, rincés et égouttés	125 ml
1	oignon vert, émincé	1
½ tasse	havarti	125 ml
1 c. à soupe	jus de citron frais	15 ml
1 pincée	cumin moulu	1 pincée
	sel et poivre au goût	

Dans un petit chaudron, porter l'eau à ébullition. Ajouter le couscous, le pesto et le maïs surgelé. Couvrir et laisser reposer 5 minutes hors du feu. Laisser refroidir.

Dans un bol à salade, déposer le couscous et le maïs cuits.

Ajouter les tomates, le poivron, les haricots rouges et l'oignon vert.

Couper le fromage en dés et l'ajouter à la salade.

Incorporer le jus de citron, parfumer d'une pincée de cumin et assaisonner au goût.

Boucles au jambon

Pour une version végétarienne, remplacez le jambon par du tofu ferme coupé en dés.

2½ tasses *	boucles (farfalles), non cuites	625 ml
1 tasse	jambon cuit, en dés	250 ml
½ tasse	mozzarella, en dés	125 ml
1	branche de céleri, en dés	1
1	carotte, en dés	1
1	oignon vert, émincé	1
5	olives farcies, émincées	5
2	cornichons sucrés, émincés	2
3 c. à soupe	crème sure légère	45 ml
1 c. à soupe	sauce chili	15 ml
1 c. à soupe	jus de cornichons	15 ml
½ c. à thé	paprika	2,5 ml
	sel et poivre au goût	

Faire cuire les pâtes selon les indications du fabricant. Rincer à l'eau froide et égoutter.

Déposer les pâtes dans un bol à salade. Ajouter tous les ingrédients. Saler et poivrer.

Bien mélanger et servir.

* 2 ½ tasses de farfalles représentent la moitié d'une boîte de pâtes de 375 g ou 4 tasses de pâtes cuites.

Salade de millet

La texture du millet ressemble beaucoup à celle du couscous. Pour un goût plus doux, remplacez l'oignon rouge par du poireau.

1 tasse	**millet**	250 ml
2 tasses	**eau**	500 ml
2 c. à thé	**sauce soja**	10 ml
1	**branche de céleri, en dés**	1
½	**poivron rouge, en dés**	½
1	**carotte, râpée**	1
¼ tasse	**oignon rouge, haché**	60 ml
1 tasse	**feta, émiettée**	250 ml
2 c. à soupe	**huile d'olive**	30 ml
3 c. à soupe	**vinaigre**	45 ml
	sel et poivre au goût	

Dans un chaudron, déposer le millet et verser l'eau.

Cuire à couvert 15 minutes, ou jusqu'à ce que l'eau soit entièrement absorbée par le millet.

Ajouter la sauce soja et laisser refroidir.

Dans un bol à salade, déposer le millet. Ajouter le reste des ingrédients. Servir.

Vive les sandwichs !

Les enfants aiment beaucoup les sandwichs. En fait, les enfants aiment beaucoup le pain. Ils aiment particulièrement le pain moelleux. Mettez du piquant dans la boîte à lunch en variant le pain au fil des recettes : pain tranché, pain de seigle, croissant, pain à salade, ciabatta, pita, tortillas... Usez d'imagination pour garnir les sandwichs au goût de vos enfants : laitue, luzerne, moutarde, tomates, tapenade, hummus... Improvisez !!!

Pita garni à la grecque

Donne environ 2 tasses (500 ml) de salade. Pour 4 sandwichs. Pour l'école, mettez la salade dans un petit bol hermétique et le pain pita dans un petit sac. L'enfant n'aura qu'à remplir son sandwich à l'heure du lunch. Bien égoutter la salade pour enlever l'excédent de liquide.

2	pitas	2
1	tomate, épépinée et coupée en dés	1
¼	poivron rouge, en dés	¼
1	concombre libanais, en dés	1
1	oignon vert, émincé	1
½ tasse	feta, émiettée	50 g
¼ tasse	olives noires, coupées en morceaux	60 ml
2 c. à thé	jus de citron frais	10 ml
2 c. à thé	huile d'olive	10 ml
1 c. à thé	herbes de Provence	5 ml
	sel et poivre au goût	

Couper les pitas en deux pour former une pochette.

Dans un bol, mélanger tous les autres ingrédients de façon à préparer une salade.

Remplir les pains pitas avec la salade et manger aussitôt.

Variante : Si vous avez envie de garnir des mini-pitas, verser 1 c. à soupe (15 ml) de salade dans chaque mini-pita.

Sandwich fromage à la crème

Donne 4 sandwichs. Vous pouvez couper la recette en deux. Évitez les graines de tournesol s'il y a des allergies à l'école de votre enfant.

4	muffins anglais de blé entier	4	½ tasse	oignon, haché finement	125 ml
½ tasse	fromage à la crème	125 ml	½ tasse	courgettes, râpées	125 ml
¼ tasse	pesto	60 ml	1 tasse	carottes, râpées	250 ml
1 c. à thé	huile d'olive	5 ml	1 c. à soupe	graines de tournesol	15 ml

Couper les muffins anglais en deux. Étendre le fromage à la crème sur une partie et le pesto sur l'autre. Dans une poêle, faire revenir l'oignon dans l'huile d'olive. Ajouter la courgette et les carottes. Laisser ramollir à feu moyen. Incorporer les graines de tournesol.

Déposer le mélange dans les sandwichs. Servir chaud ou froid.

Sandwich au fromage

Donne 4 sandwichs. Les tranches de fromage suisse et havarti sont disponibles dans presque toutes les épiceries.

8	tranches de pain de blé entier	8	1 c. à thé	huile d'olive	5 ml
8	tranches fromage suisse	200 g	1 c. à soupe	sauce soja	15 ml
8	tranches Havarti	200 g	½ c. à thé	cari	2,5 ml
½ bloc	tofu ferme	225 g			

Couper le tofu en tranches minces. Dans une poêle, faire chauffer l'huile d'olive à feu moyen-vif. Ajouter les tranches de tofu, la sauce soja et le cari. Bien remuer pour disperser la sauce soja. Laisser rôtir le tofu environ 3 minutes de chaque côté. Déposer le fromage sur 4 tranches de pain. Déposer le tofu et ajouter les condiments et les garnitures que vos enfants préfèrent : moutarde, concombre, luzerne... Terminer le sandwich avec les 4 tranches de pain.

Sandwich tandoori

4	grandes tortillas	4
1 livre	poulet au choix, cru	454 g
1 c. à thé	sel	5 ml
1 c. à soupe	jus de citron frais	15 ml
2 c. à soupe	yogourt nature	30 ml
1 c. à soupe	huile d'olive	15 ml
1 c. à thé	vinaigre de vin rouge	5 ml
1 c. à thé	coriandre moulue	5 ml
2 c. à thé	flocons d'oignon	10 ml
½ c. à thé	gingembre moulu	2,5 ml
½ c. à thé	cumin moulu	2,5 ml

Couper le poulet en lanières.

Dans un sac plastique à glissière, déposer le poulet, le sel et le jus de citron. Laisser reposer une quinzaine de minutes et égoutter le liquide. Laisser le poulet dans le sac.

Dans le même sac, ajouter le yogourt, l'huile, le vinaigre et les épices. Laisser mariner au moins 1 heure.

Déposer le poulet sur une plaque à biscuits. Jeter la marinade. Cuire sous le gril jusqu'à ce que le poulet soit doré, soit 7 à 8 minutes.

Garnir vos tortillas de poulet et ajouter les condiments de votre choix. Excellent avec du tzatziki et du hummus.

Kaiser de poulet au paprika

4	pains kaiser	4
1 livre	poitrine de poulet, cru	454 g
1 c. à soupe	paprika	15 ml
1 c. à thé	huile de sésame grillé (ou autre si allergies)	5 ml
2 c. à thé	huile d'olive	10 ml
1 c. à thé	sel	5 ml

Couper le poulet en lanières. Déposer le poulet dans un sac plastique à glissière avec le paprika, les huiles et le sel. Laisser mariner au moins 1 heure. Dans une poêle, à feu moyen-vif, faire cuire le poulet jusqu'à ce qu'il soit bien doré. Temps de cuisson : 5 à 7 minutes. Garnir les pains kaiser, coupés en deux, de poulet. Ajouter laitue, tomate, luzerne ou ce qui vous plaira !

Fajitas au poulet

6	petites tortillas	6	½	poivron de couleur	½
1 c. à soupe	huile d'olive	15 ml	½ tasse	persil, haché	125 ml
1	petit oignon, haché	1	4 c. à thé	jus de citron frais	20 ml
1	gousse d'ail, émincée	1	10	tomates cerises, coupées en deux	10
½ livre	poulet, cru	225 g	1 tasse	fromage au choix, râpé	250 ml
3	champignons, en petits dés	3			

Dans une poêle, faire revenir l'oignon et l'ail dans l'huile d'olive 1 à 2 minutes. Ajouter le poulet coupé en lanières. Laisser dorer le poulet à feu moyen-vif 1 à 2 minutes. Ajouter les champignons, le poivron coupé en lanières, le persil et le jus de citron. Poursuivre la cuisson à feu moyen environ 10 minutes. Ajouter les mini-tomates au moment qui vous conviendra, selon la cuisson que vous aimez. Garnir les tortillas du mélange au poulet et ajouter le fromage râpé. Rouler. Servir chaud ou froid.

Sandwich à la salade de poulet

Pour les enfants difficiles, choisir un champignon bien ferme et frais. Ils le confondront avec le poulet.

4 ou 5	tortillas	4 ou 5
1 tasse	poulet, cuit	250 ml
1	oignon vert, émincé	1
¼ tasse	maïs	60 ml
1	champignon, émincé	1
1 c. à soupe	sauce chili	15 ml
1 c. à soupe	yogourt nature	15 ml
	sel et poivre au goût	

Couper le poulet en dés.

Dans un bol, mélanger tous les ingrédients.

Déposer la salade de poulet sur les tortillas. Garnir de fromage râpé et de laitue hachée. Rouler serré.

Sandwich rond au thon

Donne 4 à 6 sandwichs selon la taille de vos tranches de pain. Les enfants adorent le moelleux du pain tranché. Utilisez un bon pain frais de grains entiers.

8 à 12	**tranches de pain de blé entier**		¼ tasse	luzerne	60 ml
1 boîte	thon en morceaux, égoutté	133 g	4	tomates cerises	4
1	oignon vert, émincé	1	1 c. à soupe	crème sure	15 ml
2	cornichons sucrés, hachés	2	1 c. à thé	moutarde préparée	5 ml
2 c. à soupe	poivron rouge, haché	30 ml		sel et poivre au goût	

Dans un petit bol, déposer le thon et l'émietter légèrement à la fourchette. Ajouter tous les ingrédients et bien mélanger. Assaisonner au goût. Découper les tranches de pain à l'emporte-pièce ou à l'aide d'un verre. Garnir la moitié des tranches du mélange au thon. Bien presser les autres moitiés sur la garniture pour que les sandwichs se tiennent bien.

Sandwich roulé au thon

Je préfère choisir du thon en morceaux pour les recettes de sandwichs au thon. Le résultat final est moins sec qu'avec du thon entier !

5	**tranches de pain de blé entier**	5	1 c. à thé	moutarde de Dijon	5 ml
1 boîte	thon en morceaux, égoutté	133 g	1 c. à soupe	crème sure	15 ml
¼ tasse	feta, émiettée	60 ml	2 c. à thé	vinaigre	10 ml
2 c. à soupe	oignon, haché	30 ml		sel et poivre au goût	

Dans un bol, mélanger le thon, la feta et l'oignon. Ajouter la moutarde, la crème sure et le vinaigre. Assaisonner au goût. Avec un rouleau à pâte, bien amincir chacune des tranches de pain. Étendre le mélange au thon sur chacune d'elles. Rouler serré. Couper chacun des rouleaux en 5 petites portions.

Ciabatta aux œufs

Pour 4 sandwichs. N'hésitez pas à couper la recette en deux. Le ciabatta est un pain carré typiquement italien. Il est moelleux à l'intérieur et croustillant à l'extérieur.

4	pains ciabatta (ou 6 pains rustiques)	4	4	cornichons sucrés, hachés	4
6	œufs durs	6	2	oignons verts, émincés	2
½ tasse	hummus	125 ml		paprika au goût	
4 c. à thé	jus de cornichons sucrés	20 ml		sel et poivre au goût	
2 c. à thé	mayonnaise	10 ml			

Couper les pains ciabatta en deux. Enlever l'excédent de mie. Dans un petit bol, écraser les œufs à la fourchette. Ajouter le hummus, le jus de cornichons et la mayonnaise. Mélanger jusqu'à l'obtention d'une texture crémeuse. Ajouter les cornichons et les oignons verts. Décorer de paprika et assaisonner au goût. Garnir les pains du mélange aux œufs.

Hummus maison (un peu rouge !!!)

1 boîte	pois chiches, rincés et égouttés	540 ml	1 c. à soupe	huile d'olive	15 ml
1	gousse d'ail	1	2 c. à soupe	eau	30 ml
¼ tasse	tahini*	60 ml	1 c. à thé	paprika	5 ml
¼ tasse	jus de citron frais	60 ml	1 pincée	cumin	1 pincée
				sel et poivre au goût	

Réduire tous les ingrédients en purée au robot. Broyer jusqu'à l'obtention d'une purée très crémeuse. Si vous trouvez que le hummus n'est pas assez crémeux à votre goût, ajoutez un peu d'eau.

* Le tahini se trouve partout en épicerie. C'est une pâte de graines de sésame.

Muffins anglais aux œufs

Pour 4 portions. Adaptez le nombre de portions à vos besoins.

4	muffins anglais	4
4	œufs	4
¼ tasse	feta, émiettée	60 ml
½ tasse	fromage à la crème	125 ml
4	tomates, en tranches	4
4	feuilles de laitue	4
	moutarde au goût	

Couper les muffins anglais en deux. Faire rôtir au grille-pain.

Pendant ce temps, déposer chacun des œufs dans un petit ramequin. Battre les œufs à la fourchette. Cuire les œufs au micro-ondes 1 minute.

Sur chacun des muffins anglais, étendre 1 c. à soupe (15 ml) de feta émiettée et 2 c. à soupe (30 ml) de fromage à la crème.

Déposer un œuf par sandwich. Garnir d'une tranche de tomate et d'une feuille de laitue. Ajouter un peu de moutarde si vos enfants en sont friands. Couvrir de l'autre moitié de muffin.

Sandwich de saumon au cari

Donne 4 roulés.

4	petites tortillas (ou 2 grandes tortillas)	4	2 c. à thé	pesto	10 ml
1 tasse	saumon, cuit	250 ml	2 c. à soupe	yogourt	30 ml
½	oignon vert, émincé	½	¼ c. à thé	cari	1 ml
3	olives vertes farcies, hachées	3		sel et poivre au goût	

Dans un petit bol, émietter le saumon à la fourchette.

Ajouter le reste des ingrédients.

Étendre sur les petites tortillas et rouler.

On peut ajouter des languettes de concombre au moment de rouler.

Sandwich de saumon aux herbes

1 livre	saumon frais	454 g	¼ tasse	huile d'olive	60 ml
1	gousse d'ail	1	1 c. à soupe	jus de citron frais	15 ml
½ tasse	coriandre fraîche	125 ml	¼ tasse	feta, émiettée	60 ml

Déposer le saumon dans un plat allant au micro-ondes.

Au robot, réduire l'ail et la coriandre en purée. Incorporer l'huile et le jus de citron.

Étendre le mélange sur le saumon. Il se peut qu'il vous en reste un peu selon l'épaisseur de votre saumon. Ajouter la feta émiettée.

Recouvrir le plat d'une pellicule plastique en laissant une petite ouverture. Cuire au micro-ondes 7 à 8 minutes, ou jusqu'à ce que le saumon soit cuit. Laisser refroidir.

Garnir vos sandwichs du saumon et des condiments de votre choix.

Quesadillas aux haricots

Donne 4 sandwichs.

½ tasse	carottes, râpées	125 ml
½ tasse	haricots rouges en boîte	125 ml
½ tasse	salsa douce du commerce	125 ml
¼ tasse	poivron rouge, en dés	60 ml
½	oignon vert, émincé	½
1 tasse	Monterey Jack, râpé	250 ml
2	grandes tortillas ou (4 petites tortillas)	2

Rincer et égoutter les haricots rouges en boîte.

Dans un bol, mélanger les carottes, les haricots rouges, la salsa, le poivron et l'oignon vert.

Déposer le mélange sur la moitié de chacune des tortillas. Ajouter le fromage râpé. Replier les tortillas en deux. Bien presser.

Faire chauffer une grande poêle à feu moyen avec un peu d'huile d'olive. Faire dorer les quesadillas 7 à 10 minutes, ou jusqu'à ce que les tortillas soient bien croustillantes des deux côtés.

Couper les quesadillas en deux. Servir chaud ou froid.

Sandwich salade de chou

Donne environ 6 petits sandwichs. J'utilise la lame principale du robot pour râper le chou et la carotte. Les légumes ont alors une belle texture. Et tant qu'à utiliser le robot, râpez le fromage de la même façon !

6	pains à salade	6	1 c. à soupe	mayonnaise	15 ml
1 tasse	chou, râpé	250 ml	1 c à soupe	yogourt nature	15 ml
½ tasse	carotte, râpée	125 ml	1 c. à thé	vinaigre de cidre	5 ml
¾ tasse	cheddar, râpé	175 ml		sel et poivre au goût	
½	oignon vert, émincé	½			

Râper le chou, la carotte et le fromage. Déposer dans un bol avec le reste des ingrédients. Assaisonner au goût. Couper les pains à salade en faisant une large entaille en forme de V sur le dessus de chacun. Jeter la mie excédentaire. Farcir les pains avec la salade de chou. Sur la photo, on a utilisé un pain kaiser.

LE jambon·fromage

Donne 6 petits sandwichs.

6	pains à salade	6	¼ c. à thé	herbes de Provence	1 ml
1¼ tasse	jambon cuit	175 g	3	tomates cerises	3
2 c. à soupe	mayonnaise	30 ml	⅓ tasse	havarti, émietté	75 ml
1 c. à soupe	relish	15 ml			

Réduire le jambon en flocons au robot. Déposer dans un bol. Ajouter la mayonnaise, la relish, les herbes de Provence et les tomates coupées en dés. Bien mélanger. Couper les pains à salade en faisant une large entaille en forme de V sur le dessus de chacun. Jeter la mie excédentaire. Déposer le fromage havarti au fond des pains à salade puis le mélange au jambon.

Sandwich César

10	mini-pitas	10
½ livre	poitrine de poulet	225 g
2 c. à thé	huile d'olive	10 ml
1	gousse d'ail, émincée	1
1 c. à soupe	mayonnaise	15 ml
2 c. à soupe	yogourt nature	30 ml
2 c. à soupe	parmesan, fraîchement râpé	30 ml
1 c. à thé	jus de citron frais	5 ml

Couper le poulet en fines lanières.

Dans une poêle, à feu moyen-vif, faire revenir le poulet et l'ail dans l'huile d'olive. Poursuivre la cuisson 7 à 10 minutes, ou jusqu'à ce que le poulet soit bien grillé. Réserver.

Dans un petit bol, mélanger les ingrédients de la sauce César : la mayonnaise, le yogourt, le parmesan et le jus de citron.

Inciser les mini-pitas pour faire des mini-pochettes. Farcir de poulet et de sauce César. Vous pouvez aussi ajouter quelques feuilles de laitue mesclun.

Sandwich bruschetta

Déposer la salade de tomates dans un petit contenant de plastique et les mini-pitas dans un sac. L'enfant pourra concocter ses petits sandwichs à l'heure du lunch.

6 à 8	mini-pitas	6 à 8
1 tasse	tomates cerises	250 ml
⅓ tasse	cheddar fort, en dés	75 ml
1	petite gousse d'ail, pressée	1
1 c. à soupe	huile d'olive	15 ml
5	feuilles de basilic frais, hachées	5
3	brins de ciboulette, hachés	3
	sel et poivre au goût	

Dans un bol, déposer les tomates cerises coupées en quatre. Ajouter tous les autres ingrédients. Assaisonner au goût.

Inciser les mini-pitas pour faire des mini-pochettes. Garnir de la salade de tomates.

Si vous n'avez pas d'herbes fraîches, utilisez quelques pincées d'herbes séchées.

Kaiser au bœuf

Donne 4 sandwichs. Choisir du bœuf tranché mince. Le bifteck sandwich intérieur de ronde convient parfaitement.

4	**pains kaiser**	4
1 c. à soupe	**beurre**	15 ml
1	**gousse d'ail, émincée**	1
1 livre	**bœuf (bifteck sandwich)**	454 g
2 c. à soupe	**crème sure**	30 ml
2 c. à soupe	**mayonnaise**	30 ml
4 c. à thé	**moutarde préparée**	20 ml
½ c. à thé	**herbes de Provence**	2,5 ml
½ tasse	**parmesan, fraîchement râpé**	125 ml
2 tasses	**mesclun**	500 ml

Couper les pains kaiser en deux.

Dans une poêle, faire revenir l'ail dans le beurre. Ajouter le bœuf et poursuivre la cuisson à feu vif jusqu'à ce que le bœuf ait perdu sa couleur rosée.

Dans un petit bol, mélanger les ingrédients de la sauce : crème sure, mayonnaise, moutarde et herbes de Provence.

Garnir chacun des pains kaiser de bœuf, de sauce, de parmesan et de mesclun.

Sandwich au porc

Donne environ 4 sandwichs. C'est une bonne recette pour les enfants qui aiment les marinades au goût sucré.

4	pains à sandwich au choix	4
⅓ livre	filet de porc	200 g
¼ tasse	sauce chili	60 ml
1 c. à soupe	miel	15 ml
1 c. à soupe	huile d'olive	15 ml
1	gousse d'ail, émincée	1
¼ c. à thé	gingembre moulu	1 ml

Couper le filet de porc en tranches très minces. Déposer dans un sac plastique à glissière ou dans un contenant hermétique.

Ajouter le reste des ingrédients. Laisser mariner la viande au moins 2 heures au réfrigérateur.

Dans une poêle, faire revenir le porc à feu moyen jusqu'à ce qu'il perde sa teinte rosée, soit environ 2 minutes de chaque côté. Laisser refroidir.

Garnir les pains. Ajouter au goût fromage cheddar et laitue.

Sandwich végé pâté

Les recettes de végé pâté contiennent souvent beaucoup d'huile et de sel. Voici une recette allégée très goûteuse. Il est possible de congeler le végé pâté en portions dans une pellicule plastique. Bien vérifier qu'il n'y ait pas d'allergies aux graines de tournesol avant de réaliser cette recette.

1 tasse	graines de tournesol, non salées	250 ml
1 tasse	farine de blé entier	250 ml
1	petit oignon	1
1	gousse d'ail	1
1	carotte	1
½ tasse	pommes de terre, pelées	125 ml
4	champignons blancs	4
½ tasse	eau	125 ml
½ tasse	huile d'olive	125 ml
2 c. à soupe	jus de citron frais	30 ml
2 c. à soupe	sauce soja	30 ml
1 c. à soupe	sauce tomate	15 ml
⅓ tasse	tomates séchées dans l'huile	75 ml

Chauffer le four à 375 °F (190 °C).

Au robot, réduire ¾ tasse (175 ml) des graines de tournesol en poudre. Ajouter la farine, l'oignon, l'ail, la carotte, les pommes de terre et les champignons. Pulser à nouveau.

Incorporer l'eau, l'huile, le jus de citron, la sauce soja et la sauce tomate. Pulser à nouveau. Ajouter le reste des graines de tournesol et les tomates séchées hachées finement. Remuer à la cuillère de bois.

Déposer le mélange dans un moule carré bien huilé en lissant bien la surface. Cuire au four 50 minutes. Laisser refroidir avant de démouler et de couper en morceaux.

Garnir le pain préféré de vos enfants de végé pâté avec un peu de laitue et de moutarde.

Croissant à la salade de poulet

Donne environ 4 sandwichs. C'est une version légère de la salade de poulet traditionnelle.

4	croissants	4
1½ tasse	poulet cuit, en dés	375 ml
2 c. à soupe	oignon, haché	30 ml
¼ tasse	cheddar, en dés	60 ml
¼ tasse	céleri, en dés	60 ml
3 c. à soupe	crème sure légère	45 ml
½ c. à thé	curcuma	2,5 ml
	sel et poivre au goût	

Couper les croissants en deux.

Dans un bol, mélanger tous les ingrédients de la salade.

Garnir les croissants de la salade de poulet.

Sandwich aux légumineuses

Le tahini est fabuleux. C'est une pâte de graines de sésame. On le trouve facilement dans toutes les épiceries.

1 boîte	légumineuses mélangées	540 ml	2 c. à thé	jus de citron frais	10 ml
1 c. à soupe	tomates séchées dans l'huile	15 ml	2 c. à soupe	parmesan, fraîchement râpé	30 ml
1	concombre libanais, en dés	1	½ tasse	persil frais, haché	125 ml
2 c. à thé	huile d'olive	10 ml		petites ou grandes tortillas	
2 c. à thé	tahini	10 ml			

Rincer et égoutter les légumineuses. Dans un bol à salade, déposer les légumineuses. Ajouter le reste des ingrédients, sauf les tortillas. Servir les légumineuses dans des tortillas roulées serrées. Ou servir comme salade accompagnée d'un pain au choix. Si vous êtes à la maison, ajouter ½ avocat à cette recette et manger aussitôt.

Tapenade

Pour les enfants qui adorent les olives ! La pâte d'anchois est facultative. Ne vous privez pas de faire la recette parce que vous n'avez pas de pâte d'anchois sous la main.

1 boîte	olives noires, dénoyautées	398 ml	¼ tasse	huile d'olive	60 ml
10	olives vertes farcies	10	1 c. à soupe	jus de citron frais	15 ml
½	gousse d'ail	½	½ c. à thé	pâte d'anchois (facultatif)	2,5 ml

Réduire tous les ingrédients en purée au robot. Laisser tourner très longtemps le robot pour faire disparaître toutes les petites particules noires des olives. Votre tapenade sera encore plus séduisante. Garnir vos sandwichs au thon et aux œufs de cette tapenade. Ou servir comme trempette.

Bagel à la goberge

Si vos enfants manipulent difficilement les bagels, remplacez-les par des petits pains à salade.

4 à 6	bagels	4 à 6
½ livre	goberge	225 g
½ tasse	pois verts	125 ml
1	oignon vert, émincé	1
3	olives, hachées	3
1 c. à soupe	yogourt nature	15 ml
1 c. à soupe	mayonnaise	15 ml
1 c. à soupe	jus de citron frais	15 ml
	sel et poivre au goût	

Déchiqueter la goberge en petits flocons. Déposer dans un bol.

Ajouter les pois, l'oignon vert et les olives.

Incorporer le yogourt, la mayonnaise et le jus de citron. Assaisonner au goût.

Déposer le mélange sur les bagels grillés, coupés en deux.

Sandwichs pas de croûte
au CONCOMBRE

J'adore le concombre libanais. Il est savoureux et souvent moins juteux que les autres types de concombre.

8	tranches de pain de blé entier	8
¼ tasse	fromage à la crème	60 ml
2	concombres libanais	2

Dans un petit bol, faire ramollir légèrement le fromage à la crème au four à micro-ondes. Étendre le fromage sur les 8 tranches de pain. Couper le concombre libanais à la mandoline et le déposer sur 4 tranches de pain. Recouvrir d'une deuxième tranche de pain. Couper les croûtes des tranches de pain et couper les sandwichs en quatre. Si vos enfants aiment le saumon fumé, vous pouvez en ajouter à cette recette.

à la CAROTTE

Il n'y a aucun doute, les enfants raffolent du pain tranché moelleux. Choisissez un pain de qualité au blé entier.

8	tranches de pain de blé entier	8	2 c. à thé	jus de citron frais	10 ml
¼ tasse	fromage à la crème	60 ml	2 c. à thé	graines de sésame	10 ml
2 tasses	carottes, râpées	500 ml		sel et poivre au goût	
2 c. à thé	huile d'olive	10 ml			

Dans un petit bol, faire ramollir légèrement le fromage à la crème au four à micro-ondes. Étendre le fromage sur les 8 tranches de pain. Dans un petit bol, mélanger les carottes, l'huile, le jus de citron et les graines de sésame. Assaisonner au goût. Étendre le mélange sur 4 tranches de pain. Recouvrir d'une deuxième tranche de pain. Couper les croûtes des sandwichs et couper les sandwichs en quatre.

Sandwich à l'italienne

4	pains ciabatta	4
2	courgettes	2
¼ tasse	pesto	60 ml
¾ tasse	feta, émiettée	180 ml
1 tasse	cheddar, râpé	250 ml
10	olives farcies, tranchées	10

Couper les pains ciabatta en deux dans le sens de la longueur. Enlever l'excédent de mie de pain.

Couper les courgettes en tranches minces dans le sens de la longueur avec un économe ou à la mandoline. Déposer sur une plaque à cuisson avec un peu d'huile d'olive et de sel. Cuire au four à 500 °F (260 °C) environ 7 minutes de chaque côté. Réserver.

Étendre le pesto sur les pains. Ajouter les courgettes, la feta, le cheddar et les olives. Refermer les pains et bien presser.

Cuire au four à panini jusqu'à ce que les sandwichs soient bien croustillants. Ou cuire au four une quinzaine de minutes à 350 °F (175 °C).

Avec les doigts

Manger avec les doigts. Quel plaisir ! Quelle expérience sensorielle! Les enfants voudraient pouvoir le faire le plus souvent possible. Pourquoi ne pas leur en donner l'occasion ? Les enfants adorent les bâtonnets, les petites boules, les cubes, les petites bouchées… Ils adorent grignoter, tremper dans la sauce, se délecter, pour finalement se lécher le bout des doigts. Serviette de table obligatoire !

Muffins salés aux 3 fromages

Donne 12 muffins.

1½ tasse	farine	375 ml
½ tasse	semoule de maïs, fine	125 ml
1 c. à thé	poudre à pâte	5 ml
1 pincée	sel	1 pincée
4	œufs	4
¾ tasse	lait	175 ml
2 c. à soupe	huile d'olive	30 ml
½ tasse	olives farcies, coupées en deux	125 ml
½ tasse	poivron rouge, en dés	125 ml
2	oignons verts, émincés	2
½ tasse	fromage cottage	125 ml
1 tasse	cheddar, râpé	250 ml
½ tasse	fromage de chèvre crémeux, en morceaux	125 ml
1 pincée	herbes de Provence	1 pincée

Chauffer le four à 350 °F (175 °C).

Dans un bol, mélanger la farine, la semoule de maïs, la poudre à pâte et le sel.

Ajouter les œufs battus, le lait et le reste des ingrédients. Bien remuer à la cuillère de bois.

Déposer le mélange dans des moules à muffins huilés. Cuire au four une trentaine de minutes, ou jusqu'à ce que les muffins soient bien fermes.

Omelette aux pommes de terre

Voici un grand classique de la cuisine espagnole. La « tortilla de patata » se décline de 1001 façons en Espagne. Ne vous découragez pas si vous ne la réussissez pas du premier coup. Pratique et patience en valent vraiment la peine. Les enfants adorent !

¾ tasse	huile végétale	175 ml	5	œufs	5
1 tasse	oignon, haché	250 ml		sel et poivre au goût	
4	pommes de terre	4			

Hacher l'oignon finement. Peler les pommes de terre et les couper en tranches très minces.

Dans une poêle antiadhésive, chauffer l'huile à feu élevé.

Déposer l'oignon dans l'huile et cuire à feu moyen 4 à 5 minutes.

Ajouter les pommes de terre. Poursuivre la cuisson jusqu'à ce que les pommes de terre soient cuites, environ 20 minutes. Remuer de temps à autre.

Égoutter les oignons et les pommes de terre dans une passoire fine. Déposer un bol sous la passoire pour récupérer l'huile de cuisson. Vous pourrez la conserver pour un usage ultérieur.

Dans un bol, battre les œufs. Incorporer le mélange d'oignon et de pommes de terre. Assaisonner au goût.

Verser le mélange aux œufs dans la poêle encore chaude avec un peu d'huile d'olive. Faire cuire l'omelette à feu doux. Retourner l'omelette à mi-cuisson à l'aide d'une assiette. Poursuivre la cuisson jusqu'à ce que l'omelette soit cuite.

Servir froid dans la boîte à lunch. Manger l'omelette en pointes, en bâtonnets ou comme garniture dans les sandwichs.

Omelette 4 places

Variez les 4 places de l'omelette selon les goûts de votre famille et les ingrédients que vous avez sous la main. Chacun peut y mettre son grain de sel !

1 c. à soupe	**huile d'olive**	15 ml	¼ tasse	**poivron rouge, en dés**	60 ml
¼ tasse	**oignon, haché**	60 ml	¼ tasse	**havarti, émietté**	60 ml
1	**gousse d'ail, émincée**	1	¼ tasse	**fromage de chèvre crémeux, en morceaux**	60 ml
6	**œufs**	6			
¼ tasse	**lait**	60 ml	¼ tasse	**brocoli, cuit**	60 ml

Dans une poêle, faire dorer l'oignon et l'ail dans l'huile d'olive à feu moyen.

Dans un petit bol, battre les œufs avec le lait. Assaisonner au goût.

Verser les œufs dans la poêle et poursuivre la cuisson 3 à 4 minutes à feu moyen.

Ajouter le poivron rouge sur un quart de l'omelette; le fromage havarti sur un autre quart; le fromage de chèvre sur le troisième quart et le brocoli sur le dernier quart de l'omelette.

Couvrir et poursuivre la cuisson à feu doux 5 à 7 minutes, ou jusqu'à ce que l'omelette soit cuite.

Omelette à la courgette

Pour les enfants difficiles qui n'aiment pas les courgettes, pelez le légume en cachette !!! Il passera incognito.

1 c. à soupe	**huile d'olive**	15 ml	6	**œufs**	6
¼	**oignon rouge, haché**	¼	¼ tasse	**fromage à la crème**	60 ml
2	**gousses d'ail, émincées**	2	¾ tasse	**parmesan, fraîchement râpé**	180 ml
1	**courgette**	1	1 c. à soupe	**pesto**	15 ml

Couper la courgette en deux dans le sens de la longueur. À l'aide d'une mandoline ou d'un économe, couper chacun des deux morceaux en tranches minces (comme des rubans).

Dans une poêle, à feu moyen, faire revenir l'oignon, l'ail et la courgette dans l'huile d'olive 5 à 7 minutes.

Dans un bol, battre les œufs avec le fromage à la crème ramolli, le parmesan et le pesto. Utiliser un parmesan de qualité. Incorporer le mélange aux œufs dans la poêle à celui des légumes sans remuer.

Cuire l'omelette à feu moyen-doux 5 à 8 minutes. Terminer la cuisson sous le gril jusqu'à ce que l'omelette soit bien prise. Couper en morceaux.

Bouchées d'omelette

Donne 36 mini-muffins. Si vous n'avez pas de poivron rouge, remplacez par la même quantité du légume de votre choix.

6	œufs	6
¼ tasse	crème sure	60 ml
¾ tasse	cheddar fort, râpé	180 ml
½ tasse	poivron rouge, en dés	125 ml
½ tasse	persil frais, haché	125 ml
	sel et poivre au goût	

Chauffer le four à 375 °F (190 °C).

Dans un bol, battre les œufs. Ajouter le reste des ingrédients. Assaisonner au goût.

Déposer dans des moules à mini-muffins bien huilés.

Cuire au four 20 à 25 minutes, ou jusqu'à ce que les bouchées d'omelette soient bien dorées.

Quiche sans croûte

Pour une version plus légère, remplacez la crème par la même quantité de lait ou de crème sure légère.

1 c. à soupe	huile d'olive	15 ml
1	petit oignon, haché	1
1	gousse d'ail, émincée	1
2 tasses	pommes de terre, cuites	500 ml
½	poivron orange, en dés	½
5	œufs	5
⅓ tasse	crème champêtre 15 %	75 ml
1 tasse	cheddar fort, râpé	250 ml
½ tasse	haricots rouges en boîte, rincés et égouttés	125 ml

Chauffer le four à 375 °F (190 °C).

Dans une poêle, faire revenir l'oignon et l'ail dans l'huile d'olive. Ajouter les pommes de terre coupées en dés et le poivron orange. Poursuivre la cuisson à feu moyen jusqu'à ce que les pommes de terre soient dorées.

Dans un bol, battre les œufs. Ajouter la crème, le cheddar et les haricots rouges. Assaisonner au goût.

Ajouter le mélange de pommes de terre à celui des œufs. Bien mélanger.

Verser le mélange dans un plat de verre légèrement huilé. Cuire au four 30 minutes.

Boulettes de thon à la pomme de terre

Pour la boîte à lunch, déposez les boulettes dans un contenant de plastique ou écrasez-les à la fourchette pour garnir les sandwichs. Donne environ 18 petites boulettes.

2 tasses	pommes de terre, pelées	500 ml
1 boîte	thon en morceaux, égoutté	133 g
¼ tasse	oignon, haché finement	60 ml
½ tasse	chapelure	125 ml
1 c. à soupe	huile d'olive	15 ml
½ c. à thé	cari	2,5 ml
	sel et poivre au goût	
	huile végétale pour friture	

Dans un chaudron, faire cuire les pommes de terre dans une grande quantité d'eau bouillante. Égoutter, déposer dans un bol et écraser à la fourchette.

Ajouter le reste des ingrédients, sauf l'huile végétale, et bien mélanger. Façonner des boulettes bien compactes de la taille de votre choix.

Dans une poêle, à feu élevé, faire chauffer une bonne quantité d'huile végétale. Quand l'huile est très chaude, plonger les boulettes et les faire bien dorer. Le temps de cuisson varie entre 7 et 10 minutes. Déposer les boulettes sur un essuie-tout pour enlever l'excédent d'huile.

Manger chaud ou froid. Servir accompagné de tzatziki, de salsa ou de la trempette de votre choix.

Pour une version plus légère, faire cuire les boulettes au four sur une plaque à biscuits légèrement huilée.

Falafels

Donne une quinzaine de falafels. Évitez les préparations à falafels que l'on retrouve en épicerie et auxquelles on doit ajouter de l'eau. Elles sont très salées. C'est tellement meilleur maison !

1 boîte	pois chiches	540 ml	1 c. à thé	coriandre moulue	5 ml
1	œuf	1	1 pincée	cumin	1 pincée
1 c. à soupe	tahini	15 ml	1 c. à thé	sel	5 ml
1	gousse d'ail	1		huile végétale pour friture	
1 tasse	persil frais	250 ml			

Rincer et égoutter les pois chiches. Déposer dans le robot. Ajouter tous les autres ingrédients, sauf l'huile. Réduire en purée non crémeuse à puissance maximale. Façonner des boulettes bien compactes à l'aide d'une cuillère à soupe. Dans une grande poêle, à feu élevé, faire chauffer une bonne quantité d'huile végétale. Quand l'huile est très chaude, plonger les falafels et attendre qu'ils soient bien dorés. Le temps de cuisson varie entre 5 et 7 minutes. Déposer les falafels sur un essuie-tout pour enlever l'excédent d'huile. Servir avec du tzatziki ou les condiments de votre choix. On peut aussi servir les falafels en sandwich dans des pitas avec le tzatziki.

Tzatziki

Cette savoureuse trempette est vraiment à découvrir. Comme les enfants aiment beaucoup les concombres, le tzatziki est très apprécié !

½ tasse	concombre libanais, râpé	125 ml	2 c. à thé	huile d'olive	10 ml
½ c. à thé	gros sel	2,5 ml	1	gousse d'ail, émincée	1
1 tasse	yogourt nature	250 ml	1 c. à soupe	menthe fraîche, ciselée	15 ml

Râper le concombre libanais. Déposer le concombre dans une passoire au-dessus d'un bol ou du lavabo. Saupoudrer de gros sel. Laisser dégorger le concombre une trentaine de minutes. Éponger par la suite le concombre avec un essuie-tout. Dans un bol, déposer le concombre. Ajouter le reste des ingrédients, mélanger et servir.

Carrés aux légumes

Coupez cette recette en petits carrés que les enfants pourront facilement saisir avec leurs doigts. Elle peut aussi servir de garniture pour les sandwichs.

4	œufs	4
1 tasse	courgette, râpée	250 ml
1 tasse	carotte, râpée	250 ml
1	oignon vert, émincé	1
2 c. à thé	tamari	10 ml
¾ tasse	feta, émiettée	175 ml
	sel et poivre au goût	

Chauffer le four à 375 °F (190 °C).

Dans un bol, battre les œufs. Ajouter le reste des ingrédients. Bien mélanger.

Déposer dans un moule carré huilé. Cuire au four 30 à 35 minutes.

Couper en carrés. Manger chaud ou froid.

Pizza Naan

On trouve le pain Naan dans toutes les épiceries. C'est un pain moelleux et savoureux.

2	pains Naan	250 g	1½ tasse	cheddar fort, râpé	375 ml
2 c. à soupe	pesto	30 ml	¼	poivron au choix	¼
½ tasse	fromage de chèvre crémeux	125 ml		paprika au goût	

Chauffer le four à 375 °F (190 °C). Étendre le pesto sur les pains Naan. Déposer le fromage de chèvre en morceaux et le cheddar râpé. Disposer le poivron coupé en fines lanières. Décorer de paprika au goût. Cuire au four environ 15 minutes. Faire dorer le fromage sous le gril en fin de cuisson. Couper la pizza en languettes. Servir chaud ou froid.

Pizza chiche

Les pâtes minces à pizza sont disponibles dans tous les supermarchés. Pour une version plus économique, utilisez de grandes tortillas.

4	pâtes minces à pizza carrées	4	½ tasse	feta, émiettée	125 ml
2 c. à thé	huile d'olive	10 ml	1 tasse	pois chiches en boîte, rincés et égouttés	250 ml
½ bloc	tofu ferme, émietté	225 g			
1 c. à soupe	sauce soja	15 ml	2 tasses	cheddar, râpé finement	500 ml
⅓ tasse	pesto rouge	75 ml	½	poivron au choix	½

Chauffer le four à 375 °F (190 °C). Dans une poêle, à feu élevé, faire revenir le tofu et la sauce soja dans l'huile d'olive 1 à 2 minutes. Réserver. Étendre le pesto sur les pâtes à pizza. Ajouter le tofu, la feta et les pois chiches. Garnir avec le cheddar et décorer avec le poivron coupé en fines lanières. Cuire au four 10 minutes. Faire dorer le fromage sous le gril en fin de cuisson.

Bâtonnets de tofu

1 bloc	tofu	454 g	2 c. à soupe	chapelure	30 ml
2 c. à soupe	sauce soja	30 ml	2 c. à soupe	parmesan,	30 ml
1 c. à soupe	huile d'olive	15 ml		fraîchement râpé	
1 c. à thé	coriandre moulue	5 ml	1 c. à thé	flocons d'oignon	5 ml

Couper le tofu en bâtonnets. Dans un contenant hermétique, déposer le tofu avec la sauce soja et la coriandre. Laisser mariner une trentaine de minutes. Dans un petit bol, mélanger la chapelure, le parmesan et les flocons d'oignon. Dans une poêle, à feu élevé, faire revenir les bâtonnets de tofu 1 à 2 minutes dans l'huile d'olive. Réduire le feu et incorporer graduellement le mélange de chapelure. Poursuivre la cuisson jusqu'à ce que les bâtonnets de tofu soient bien dorés. Servir avec la sauce tartare.

Sauce tartare

Voici une recette de sauce tartare sans mayonnaise. Le fromage frais est disponible dans toutes les épiceries. Il contient très peu de matières grasses. Vous pouvez aussi le remplacer par de la crème sure.

¼ tasse	fromage frais	60 ml	½	oignon vert, émincé	½
	(de type quark ou cottage en bloc)		1 c. à soupe	persil, haché	15 ml
1 c. à soupe	yogourt nature	15 ml		sel et poivre au goût	
2 c. à soupe	relish	30 ml			

Dans un petit bol, mélanger tous les ingrédients.

Variante : Pour une sauce mille-îles, remplacer la relish par la même quantité de sauce chili.

Boules au tofu

Donne une vingtaine de boules.

1 bloc	**tofu ferme**	454 g		¼ tasse	**chataîgnes d'eau, émincées**	60 ml
1	**œuf**	1		¼ tasse	**carotte, émincée**	60 ml
½ tasse	**chapelure**	125 ml		2 c. à soupe	**oignon, émincé**	30 ml
2 c. à soupe	**sauce soja**	30 ml		1	**gousse d'ail, émincée**	1

Chauffer le four à 375 °F (190 °C).

Réduire le tofu en purée au robot jusqu'à l'obtention d'une texture crémeuse. Déposer le tofu dans un bol. Ajouter le reste des ingrédients. À l'aide d'une cuillère, façonner des boules bien compactes.

Déposer sur une plaque à biscuits bien huilée. Cuire au four 20 minutes en tournant les boules au cours de la cuisson. Servir avec la sauce à la pomme.

Sauce à la pomme

1 tasse	**jus de pomme**	250 ml		1 c. à thé	**miel**	5 ml
2 c. à soupe	**sauce soja**	30 ml		1	**petite gousse d'ail, émincée**	1
1 c. à soupe	**ketchup**	15 ml		2 c. à thé	**fécule de maïs**	10 ml

Dans un petit chaudron, déposer tous les ingrédients sauf la fécule de maïs. Porter à ébullition.

Diluer la fécule de maïs dans un peu d'eau. Ajouter au mélange à la pomme. Laisser épaissir à feu moyen jusqu'à l'obtention de la texture de votre goût. Réfrigérer.

Pour le thermos

Les repas chauds sont appréciés et très réconfortants. Ils rappellent aux enfants le confort et la douceur de la maison. Pour garder le repas bien au chaud, chauffez préalablement le thermos une dizaine de minutes avec de l'eau bouillante. Versez ensuite le repas du jour. Dans certaines écoles, on met un micro-ondes à la disposition des enfants. Si c'est le cas, utilisez un contenant suppportant le micro-ondes.

Pâtes à l'ail

Utilisez un bon parmesan pour cette recette. Achetez un bloc de parmesan que vous râperez au gré de vos recettes.

10½ onces	pâtes rotini	300 g
¼ tasse	huile d'olive	60 ml
4	gousses d'ail, émincées	4
1½ tasse	tofu, en petits dés	375 ml
½ tasse	champignons, émincés	125 ml
1 tasse	parmesan, fraîchement râpé	250 ml
	sel et poivre au goût	

Faire cuire les pâtes selon les indications du fabricant. Rincer, égoutter et réserver.

Dans une poêle, à feu moyen, faire revenir l'ail dans l'huile d'olive jusqu'à ce qu'il commence à colorer.

Ajouter le tofu et les champignons. Poursuivre la cuisson 5 minutes à feu moyen.

Incorporer les pâtes et le parmesan. Assaisonner au goût.

Soupe à l'orzo

L'orzo est une petite pâte italienne qui ressemble beaucoup à un grain de riz. On en trouve facilement au rayon des pâtes.

1 c. à soupe	huile d'olive	15 ml
1	oignon, haché	1
1	gousse d'ail, émincée	1
1	branche de céleri, en dés	1
1	carotte, en dés	1
1 tasse	pommes de terre, en dés	250 ml
1 tasse	patates douces, en dés	250 ml
8 tasses	bouillon de poulet	2 l
½ tasse	orzo	125 ml
½ tasse	persil frais, haché	125 ml
	sel et poivre au goût	

Dans un chaudron, faire revenir l'oignon et l'ail dans l'huile 1 à 2 minutes. Ajouter le céleri et la carotte. Poursuivre la cuisson 2 à 3 minutes à feu moyen.

Incorporer la pomme de terre, la patate douce et le bouillon de poulet. Couvrir et laisser mijoter une vingtaine de minutes.

Ajouter l'orzo et le persil. Poursuivre la cuisson une dizaine de minutes. Saler et poivrer au goût.

Soupe aux pois

Pour un repas d'hiver réconfortant. Vos enfants retrouveront la chaleur de votre maison.

2 tasses	pois verts	500 ml	2	carottes, en dés	2
8 tasses	eau	2 l	½	poivron vert, en dés	½
1	gousse d'ail, émincée	1	2 c. à thé	gros sel	10 ml
½	oignon, haché	½	1 c. à thé	coriandre moulue	5 ml

Faire tremper les pois dans l'eau toute une nuit. Rincer et égoutter.

Dans un chaudron, déposer les pois et l'eau. Ajouter le reste des ingrédients.

Porter à ébullition, réduire le feu et laisser mijoter à couvert pendant 1 heure.

On peut la réduire en purée au robot culinaire.

Encore meilleur le lendemain alors que la soupe a eu le temps d'épaissir.

Soupe pâtes et tomates

1 c. à soupe	huile d'olive	15 ml	8 tasses	bouillon de poulet*	2 l
1	petit oignon, haché	1	1 tasse	pâtes au choix	250 ml
2	gousses d'ail, émincées	2		sel et poivre au goût	
1 tasse	sauce tomate	250 ml			

Dans un chaudron, faire dorer l'oignon et l'ail dans l'huile. Quand l'ail commence à colorer, ajouter la sauce tomate. Poursuivre la cuisson 2 minutes à feu moyen.

Incorporer le bouillon de poulet. Couvrir et laisser mijoter une dizaine de minutes.

Ajouter les pâtes et poursuivre la cuisson une quinzaine de minutes. Saler et poivrer au goût.

* Cette soupe sera à son meilleur avec un bouillon de poulet de qualité.

Crème de légumes

Comment en finir avec la guerre entre vos enfants et les légumes ? Une bonne recette de crème de légumes.

1 c. à soupe	huile d'olive	15 ml
1	oignon, haché	1
1	gousse d'ail, émincée	1
1	branche de céleri, en dés	1
2	carottes, en dés	2
2 tasses	patates douces, en dés	500 ml
1 tasse	courgette, en dés	250 ml
3 tasses	chou-fleur, en petits bouquets	750 ml
2 tasses	brocoli, en petits bouquets	500 ml
8 tasses	bouillon de poulet	2 l
½ c. à thé	cumin moulu	2,5 ml
1 c. à thé	curcuma	5 ml
1 c. à thé	paprika	5 ml
	sel et poivre au goût	

Dans un chaudron, faire revenir l'oignon et l'ail dans l'huile d'olive. Ajouter le céleri, la carotte et la patate douce. Poursuivre la cuisson 1 à 2 minutes à feu moyen.

Incorporer le reste des ingrédients. Porter à ébullition, réduire le feu et laisser mijoter à couvert 30 minutes.

Réduire le mélange en purée au robot. Assaisonner au goût.

Soupe aux légumineuses

1 c. à soupe	huile d'olive	15 ml
1	oignon, haché	1
2	gousses d'ail, émincées	2
1	branche de céleri, en dés	1
1	carotte, en dés	1
6	pommes de terre grelot	6
3 tasses	chou-fleur, en petits bouquets	750 ml
1 boîte	légumineuses au choix	540 ml
6 tasses	bouillon de poulet	1,5 l
¼ tasse	couscous	60 ml
1 c. à thé	herbes de Provence	5 ml
½ tasse	parmesan frais, râpé	125 ml
	sel et poivre au goût	

Dans un chaudron, faire revenir l'oignon et l'ail dans l'huile. Ajouter le céleri et la carotte. Poursuivre la cuisson 1 à 2 minutes à feu moyen.

Incorporer les pommes de terre coupées en quatre, le chou-fleur, les légumineuses rincées et égouttées et le bouillon de poulet. Porter à ébullition, réduire le feu et laisser mijoter à couvert une vingtaine de minutes.

Ajouter le couscous et les herbes de Provence. Poursuivre la cuisson 10 minutes. Ajouter le parmesan et assaisonner au goût.

Ragoût de légumes et au tofu

Les enfants sont souvent de grands amateurs de tofu. Pour ceux qui en sont un peu moins friands, coupez le tofu en minuscules petits dés qui passeront un peu plus inaperçus...

2 c. à soupe	huile d'olive	30 ml
1	oignon, haché	1
1	gousse d'ail, émincée	1
2	carottes, en dés	2
2 tasses	courge au choix, en dés	500 ml
1 tasse	patates douces, en dés	250 ml
1 boîte	tomates en dés	796 ml
½ tasse	eau	125 ml
1	poivron rouge, en dés	1
½ bloc	tofu, en dés	225 g
½ c. à thé	paprika	2,5 ml
½ c. à thé	coriandre moulue	2,5 ml
1 pincée	cumin	1 pincée
	sel et poivre au goût	

Dans un chaudron, à feu moyen, faire revenir l'oignon et l'ail dans l'huile d'olive 1 à 2 minutes. Ajouter les carottes, la courge et la patate douce. Poursuivre la cuisson 1 à 2 minutes.

Incorporer le reste des ingrédients. Couvrir et porter à ébullition. Réduire le feu et laisser mijoter une trentaine de minutes ou jusqu'à ce que la cuisson des légumes soit à votre goût.

Servir avec du pain, du couscous ou du riz.

Tofu à la thaï

Comme les enfants aiment beaucoup les saveurs sucrées, le lait de coco donne beaucoup de charme à cette recette.

1 c. à soupe	huile d'olive	15 ml
1 c. à thé	cari	5 ml
1 c. à thé	curcuma	5 ml
1	oignon, haché	1
1	gousse d'ail, émincée	1
1 boîte	lait de coco	398 ml
1 bloc	tofu aux légumes, en dés	454 g
20	haricots verts, coupés en deux	20
1	poivron, en dés	1
½ tasse	pois verts surgelés	125 ml
2 tasses	bouquets de brocoli	500 ml
1	lime, pressée	1
	sel et poivre au goût	

Dans un chaudron, à feu moyen, faire revenir l'oignon et l'ail dans l'huile d'olive avec le cari et le curcuma 1 à 2 minutes.

Ajouter le lait de coco, le tofu et les haricots. Laisser mijoter 2 à 3 minutes.

Incorporer le reste des ingrédients, couvrir et laisser mijoter une vingtaine de minutes. Assaisonner au goût.

Encore meilleur le lendemain...

Casserole au poulet

Prenez soin d'acheter une sauce tomate préparée de qualité. On en trouve de très bonnes en épicerie en format de 750 ml. Attention à la teneur en sodium.

1 c. à soupe	huile d'olive	15 ml	3 tasses	sauce tomate préparée	750 ml
1	oignon, haché	1	1	carotte, en dés	1
2	gousses d'ail, émincées	2	1	poivron, en dés	1
1 tasse	céleri, en dés	250 ml	10	pommes de terre grelot	10
2 livres	poulet, hauts de cuisse	900 g		sel et poivre au goût	

Dégraisser le poulet et le couper en lanières. Dans une grande poêle, avec couvercle, faire revenir à feu élevé l'oignon, l'ail et le céleri dans l'huile d'olive 1 à 2 minutes.

Ajouter le poulet. Poursuivre la cuisson 3 à 4 minutes, ou jusqu'à ce que le poulet perde sa teinte rosée en surface. Remuer régulièrement. Ajouter la sauce tomate, réduire le feu et poursuivre la cuisson une dizaine de minutes à feu moyen. Ajouter la carotte, le poivron et les pommes de terre coupées en deux. Couvrir et poursuivre la cuisson à feu doux pendant 1 heure. Plus la cuisson sera lente, plus la casserole sera savoureuse.

Pizza sauve qui peut

Utilisez le reste de la casserole au poulet pour faire cette pizza *sauve qui peut*. Vous pourriez aussi la réaliser avec un reste de sauce à spaghetti ou de plat en sauce tomate.

4	pitas	4
2 tasses	sauce	500 ml
2½ tasses	mozzarella, râpée	625 ml

Chauffer le four à 375 °F (190 °C). Étendre la sauce tomate sur les pitas. Ajouter le fromage râpé. Cuire au four 15 minutes, ou à votre goût. Faire dorer le fromage sous le gril en fin de cuisson. Couper en pointes.

Chili au chou-fleur

Il y a des enfants qui adorent le chou-fleur croquant. D'autres qui le préfèrent bien cuit. Ajustez-vous pour cuisiner ce chili nouveau genre.

1 c. à soupe	huile d'olive	15 ml
1	oignon, haché	1
1	gousse d'ail, émincée	1
1	branche de céleri, en dés	1
1 boîte	sauce tomate	680 ml
1 tasse	eau	250 ml
1 boîte	haricots rouges	540 ml
1 tasse	maïs surgelé	250 ml
⅓ tasse	poivrons rouges grillés, en pot	75 ml
3 tasses	chou-fleur	750 ml
1 c. à thé	paprika	5 ml
1 c. à thé	cumin	5 ml
¼ c. à thé	poudre de chili	1 ml

Dans un chaudron, à feu moyen, faire revenir l'oignon et l'ail dans l'huile d'olive. Ajouter le céleri et poursuivre la cuisson 1 à 2 minutes.

Incorporer la sauce tomate et l'eau. Ajouter graduellement les haricots rouges rincés et égouttés, le maïs, les poivrons et le chou-fleur.

Porter à ébullition et ajouter les épices. Couvrir, réduire le feu et laisser mijoter jusqu'à ce que la cuisson du chou-fleur soit à votre goût.

Riz sucré aux légumes

Vous pouvez faire gratiner le riz au four avec le fromage préféré de vos enfants.

1½ tasse	riz basmati	375 ml
3 tasses	eau	750 ml
2 c. à soupe	huile d'olive	30 ml
2 c. à thé	cari	10 ml
1	petit oignon, haché	1
1	gousse d'ail, émincée	1
½ tasse	courgette, en dés	125 ml
10	haricots verts, hachés	10
1 c. à soupe	vinaigre blanc	15 ml
2 c. à thé	tamari	10 ml
1 c. à thé	cassonade	5 ml
2 tasses	brocoli, cuit	500 ml
¼ tasse	raisins secs	60 ml
	sel et poivre au goût	

Dans un bol allant au micro-ondes, déposer le riz et l'eau avec un filet d'huile d'olive. Couvrir avec une pellicule plastique en laissant une petite ouverture. Cuire au micro-ondes 13 minutes à puissance maximale.

Dans une grande poêle, à feu moyen, faire revenir l'oignon et l'ail dans l'huile avec le cari. Ajouter la courgette, les haricots, le vinaigre, le tamari et la cassonade. Poursuivre la cuisson 5 minutes.

Incorporer le riz cuit, le brocoli cuit et les raisins secs. Bien mélanger. Assaisonner au goût. Servir chaud ou froid.

Vous pouvez ajouter des légumineuses pour en faire un repas complet.

Couscous à la courge

La courge butternut (ou courge musquée) est très populaire. On la pèle à l'économe. Pour se faciliter la vie, on peut aussi la faire cuire 2 à 3 minutes au micro-ondes avant de la peler.

1 ½ tasse	couscous	375 ml
1 ½ tasse	eau	375 ml
½ tasse	sauce tomate	125 ml
½ tasse	légumineuses au choix	125 ml
2 c. à soupe	raisins secs	30 ml
1 tasse	courge butternut, en dés	250 ml
1 tasse	patates douces, en dés	250 ml
½ tasse	carotte, en dés	125 ml
2 c. à thé	huile d'olive	10 ml
½ tasse	poireau, haché	125 ml
1	gousse d'ail, émincée	1
½ tasse	poivron, en dés	125 ml
	sel et poivre au goût	

Dans un chaudron, verser l'eau et la sauce tomate, ajouter les légumineuses et les raisins secs. Porter à ébullition, ajouter le couscous, couvrir et réserver 5 minutes hors du feu.

Pendant ce temps, faire cuire la courge, la patate douce et la carotte à la vapeur 12 à 15 minutes.

Dans une grande poêle, à feu moyen, faire revenir le poireau, l'ail et le poivron dans l'huile d'olive. Après quelques minutes de cuisson, incorporer le couscous et les légumes cuits à la vapeur. Bien mélanger. Assaisonner au goût.

Lentilles au chorizo

Le chorizo est un saucisson d'origine espagnole. On peut le remplacer par le saucisson de son choix.

1 c. à soupe	huile d'olive	15 ml
1	oignon, haché	1
1	gousse d'ail, émincée	1
½ tasse	chorizo, en dés	125 ml
1 ½ tasse	lentilles vertes, séchées	375 ml
1 tasse	pommes de terre, en dés	250 ml
1	carotte, en dés	1
3 tasses	sauce tomate	750 ml
3 tasses	eau	750 ml
1 c. à thé	paprika	5 ml
1 c. à thé	sel de mer	5 ml
	poivre au goût	

Dans un chaudron, à feu moyen, faire revenir l'oignon, l'ail et le chorizo dans l'huile d'olive 1 à 2 minutes.

Ajouter les lentilles et bien remuer environ 1 minute.

Incorporer les pommes de terre, la carotte, le tiers de la sauce tomate et le tiers de l'eau. Laisser mijoter quelques minutes. Assaisonner avec le paprika, le sel et le poivre.

Couvrir et laisser mijoter lentement au moins 30 minutes. Ajouter graduellement le reste de la sauce tomate et de l'eau au fil de la cuisson.

Ajouter de l'eau au besoin.

Petites douceurs

Les enfants adorent se sucrer le bec. Ils attendent ce moment du repas avec impatience. Qui n'a jamais utilisé le dessert comme monnaie d'échange contre une dernière bouchée de légume ? Les desserts font partie des grands plaisirs de la vie et il est possible de cuisiner des petites gâteries santé. En concoctant vos petites bouchées sucrées, vous prendrez le contrôle de la liste des ingrédients. Les enfants vont en redemander !

Muffins au citron

Donne 12 muffins. Les enfants aiment beaucoup le goût des agrumes. Le citron à température de la pièce est plus juteux que si vous le gardez réfrigéré.

Pour les muffins

1½ tasse	farine non blanchie	375 ml
1 tasse	farine de kamut	250 ml
¼ tasse	cassonade	60 ml
1 c. à thé	bicarbonate de sodium	5 ml
2 c. à thé	poudre à pâte	10 ml
2	œufs	2
¼ tasse	huile végétale	60 ml
¾ tasse	yogourt à la vanille	175 ml
⅓ tasse	jus de citron frais	75 ml
1 c. à thé	zeste de citron	5 ml
½ tasse	raisins secs	125 ml

Pour la garniture

2 c. à soupe	beurre, fondu (ou margarine)	30 ml
2 c. à soupe	cassonade	30 ml
⅓ tasse	gruau nature	75 ml
1 c. à thé	zeste de citron	5 ml

Chauffer le four à 350 °F (175 °C).

Dans un bol, mélanger les farines, la cassonade, le bicarbonate et la poudre à pâte. Ajouter les œufs battus et le reste des ingrédients. Bien mélanger et déposer dans des moules à muffins huilés.

Dans un petit bol, mélanger les ingrédients de la garniture et parsemer sur les muffins.

Cuire au four 25 à 30 minutes.

Muffins aux dattes et aux bananes

Donne 12 muffins. Des muffins moelleux sans sucre ajouté. Dangereusement populaire !!!

1½ tasse	dattes séchées	375 ml
1½ tasse	eau	375 ml
¼ tasse	huile végétale	60 ml
1 tasse	bananes, écrasées	250 ml
1 c. à thé	essence de vanille	5 ml
2 tasses	farine de blé entier	500 ml
1 c. à thé	poudre à pâte	5 ml
1 c. à thé	bicarbonate de sodium	5 ml
½ tasse	raisins secs	125 ml

Chauffer le four à 400 °F (200 °C).

Déposer les dattes dans le robot. Ajouter l'eau bouillante. Réduire les dattes en purée. Verser dans un bol.

Ajouter l'huile végétale, les bananes et l'essence de vanille dans le bol.

Incorporer graduellement le reste des ingrédients. Bien remuer. Déposer dans des moules à muffins huilés.

Cuire au four 30 minutes.

Muffins à la pomme et aux carottes

Donne 12 muffins. On peut congeler les muffins dans des petits contenants de plastique. C'est une solution rapide pour les lunchs.

¼ tasse	beurre, fondu (ou margarine)	60 ml	¾ tasse	germe de blé	175 ml
¼ tasse	cassonade	60 ml	1 c. à thé	poudre à pâte	5 ml
⅓ tasse	mélasse	75 ml	1 pincée	sel	1 pincée
1	œuf	1	½ c. à thé	cannelle	2,5 ml
½ tasse	lait	125 ml	½ tasse	carotte, râpée	125 ml
½ tasse	yogourt nature	125 ml	1	pomme, râpée	1
2 tasses	farine non blanchie	500 ml	½ tasse	raisins secs	125 ml

Chauffer le four à 375 °F (190 °C).

Dans un bol, battre le beurre, la cassonade, la mélasse, l'œuf, le lait et le yogourt.

Dans un autre bol, mélanger la farine, le germe de blé, la poudre à pâte, le sel et la cannelle. Incorporer les ingrédients secs au premier mélange.

Ajouter la carotte, la pomme et les raisins secs. Bien remuer.

Déposer dans des moules à muffins huilés.

Cuire au four 30 minutes.

Muffins aux pêches et chocolat

Donne 36 mini-muffins ou 12 gros muffins. Vous pouvez utiliser des pêches fraîches ou en boîte.

2	œufs	2	1 tasse	farine de blé entier	250 ml
¼ tasse	cassonade	60 ml	½ tasse	graines de lin, moulues	125 ml
½ tasse	pêches, en purée	125 ml	2 c. à thé	poudre à pâte	10 ml
1 tasse	yogourt à la vanille	250 ml	1 c. à thé	bicarbonate de sodium	5 ml
½ tasse	huile végétale	125 ml	1 pincée	sel	1 pincée
1 tasse	farine non blanchie	250 ml	¾ tasse	brisures de chocolat	180 ml

Chauffer le four à 375 °F (190 °C).

Réduire les pêches en purée au mélangeur ou au robot.

Dans un bol, mélanger les œufs, la cassonade, les pêches, le yogourt et l'huile.

Incorporer graduellement les farines, les graines de lin, la poudre à pâte, le bicarbonate et le sel. Bien mélanger.

Ajouter les brisures de chocolat. Mélanger délicatement.

Déposer dans des petits moules à muffins huilés.

Cuire au four 20 minutes.

Muesli à l'érable

Donne environ 4 tasses de muesli. J'aime bien utiliser des gros flocons de noix de coco pour réaliser cette recette. Le muesli est plus croquant !

2½ tasses	**flocons d'avoine, non cuits (gros flocons)**	625 ml
1 tasse	noix de coco, non sucrée	250 ml
¼ tasse	huile végétale	60 ml
¼ tasse	sirop d'érable	60 ml
2 c. à soupe	eau	30 ml
½ c. à thé	essence de vanille	2,5 ml
½ tasse	dattes séchées, hachées	125 ml
½ tasse	canneberges séchées	125 ml
½ tasse	raisins secs	125 ml

Chauffer le four à 350 °F (175 °C).

Dans un grand plat allant au four, déposer les flocons d'avoine et la noix de coco. Ajouter l'huile, le sirop d'érable, l'eau et l'essence de vanille. Bien remuer.

Cuire au four 30 minutes, ou jusqu'à ce que le mélange soit bien doré. Remuer régulièrement.

Laisser refroidir. Ajouter les dattes, les canneberges et les raisins secs.

Déguster nature, avec du lait ou sur une portion de yogourt.

Biscuits à la noix de coco

Donne environ 24 biscuits. Tout le monde craque pour cette recette de biscuits. J'ai même vu quelques adultes en manger en cachette...

½ tasse	jus d'orange	125 ml
1 c. à thé	zeste d'orange	5 ml
⅓ tasse	huile végétale	75 ml
1 c. à thé	essence de vanille	5 ml
2 tasses	noix de coco, non sucrée	500 ml
¼ tasse	sucre	60 ml
1 tasse	farine de blé entier	250 ml
2 c. à thé	poudre à pâte	10 ml
⅓ tasse	dattes, hachées	75 ml
¼ tasse	raisins secs	60 ml

Chauffer le four à 375 °F (190 °C).

Dans un bol, mélanger le jus d'orange, le zeste d'orange, l'huile et l'essence de vanille. Ajouter graduellement le reste des ingrédients. Bien mélanger.

Sur une plaque à biscuits recouverte de papier parchemin, déposer la pâte par cuillère à soupe. Comme la pâte a tendance à s'effriter, assurez-vous de bien la compacter.

Cuire au four 15 minutes.

Sur la photo :
biscuit à la noix de coco, en haut
biscuit aux fruits, en bas à gauche
biscuit choco, en bas à droite

Biscuits aux fruits

Donne environ 24 biscuits. Des biscuits qui ont un air de fête !

⅓ tasse	beurre, ramolli (ou margarine)	75 ml
½ tasse	yogourt à la vanille	125 ml
1	œuf	
1¼ tasse	farine non blanchie	310 ml
1 pincée	sel	
¼ tasse	dattes séchées, hachées	60 ml
¼ tasse	raisins secs	60 ml
¼ tasse	noix de coco, non sucrée	60 ml
¼ tasse	cerises au marasquin, en dés	60 ml
3	abricots secs, en dés	

Chauffer le four à 375 °F (190 °C).

Dans un bol, battre le beurre avec le yogourt et l'œuf.

Ajouter la farine et le sel.

Incorporer graduellement les dattes, les raisins secs, la noix de coco, les cerises et les abricots.

Déposer en cuillerées sur une plaque à biscuits huilée ou recouverte de papier parchemin.

Cuire au four 15 à 18 minutes.

Biscuits choco

Donne environ 24 biscuits.

⅓ tasse	beurre, ramolli (ou margarine)	75 ml
⅓ tasse	cassonade	75 ml
½ tasse	lait	125 ml
2	œufs	2
2 tasses	farine non blanchie	500 ml
1 c. à thé	poudre à pâte	5 ml
1 c. à thé	bicarbonate de sodium	5 ml
2 c. à thé	cacao	10 ml
1 pincée	sel	1 pincée
3 carrés (3 onces)	chocolat mi-sucré	84 g

Chauffer le four à 375 °F (190 °C).

Dans un bol, battre le beurre et la cassonade. Ajouter le lait et les œufs. Battre à nouveau jusqu'à l'obtention d'un mélange homogène.

Dans un autre bol, mélanger la farine, la poudre à pâte, le bicarbonate, le cacao et le sel. Incorporer graduellement le mélange sec aux ingrédients humides.

Ajouter le chocolat haché finement au couteau.

Déposer le mélange en cuillérées sur une plaque à biscuits huilée ou recouverte de papier parchemin.

Cuire au four 15 minutes.

Boules aux dattes

Donne environ 24 boules. Un dessert pour les occasions spéciales !!!

½ tasse	beurre (ou margarine)	125 ml
¼ tasse	cassonade	60 ml
1 tasse	dattes, hachées finement	250 ml
1	œuf	1
1 c. à thé	essence de vanille	5 ml
3 tasses	céréales de type Rice Crispies	750 ml
½ tasse	noix de coco non sucrée	125 ml

Dans un chaudron, faire fondre le beurre avec la cassonade et les dattes. Ajouter l'œuf. Chauffer à feu doux jusqu'à l'obtention d'une purée. Laisser tiédir.

Incorporer l'essence de vanille et les céréales. Bien remuer à la cuillère de bois.

Avec les mains, façonner des boules bien compactes. Rincez régulièrement vos mains pour faciliter le travail. Idéalement, faites les boules près d'un lavabo.

Rouler les boules dans la noix de coco.

Barres tendres au chocolat

2	œufs	2	2 c. à soupe	farine de blé entier	30 ml
¼ tasse	sirop d'érable	60 ml	¼ tasse	canneberges séchées	60 ml
1 ½ tasse	flocons d'avoine (gruau)	375 ml	½ tasse	brisures de chocolat	125 ml
½ tasse	germe de blé	125 ml			

Chauffer le four à 350 °F (175 °C).

Dans un bol, mélanger tous les ingrédients.

Déposer dans un moule carré huilé ou recouvert de papier parchemin.

Cuire au four 25 à 30 minutes. Laisser refroidir et couper en morceaux de la taille de votre choix.

Barres tendres aux dattes

1 tasse	dattes séchées, hachées	250 ml	¾ tasse	noix de coco, non sucrée	175 ml
¼ tasse	eau	60 ml	¼ tasse	huile végétale	60 ml
1 ½ tasse	gruau nature	375 ml	¼ tasse	miel	60 ml
1 tasse	flocons d'avoine, non cuits (gros flocons)	250 ml	1	œuf	1

Chauffer le four à 400 °F (200 °C).

Dans un petit bol, déposer les dattes hachées et l'eau. Cuire au micro-ondes 3 minutes.

Dans un bol, déposer le gruau, les flocons d'avoine et la noix de coco. Ajouter l'huile, le miel, l'œuf et le mélange aux dattes. Bien mélanger.

Recouvrir le fond d'un moule rectangulaire de papier parchemin. Étendre le mélange des barres tendres et bien presser à l'aide d'une spatule.

Cuire au four 25 à 30 minutes. Laisser refroidir et couper en morceaux de la taille de votre choix.

Pain pommes et canneberges

Ajoutez une bonne poignée de graines de tournesol à cette recette s'il n'y a pas d'allergies dans l'entourage de votre enfant.

2	œufs	2
½ tasse	huile végétale	125 ml
⅓ tasse	sirop d'érable	75 ml
1 c. à thé	essence de vanille	5 ml
1 ½ tasse	farine non blanchie	375 ml
1 c. à thé	poudre à pâte	5 ml
1 c. à thé	bicarbonate de sodium	5 ml
1 pincée	sel	1 pincée
1½ tasse	pommes, râpées	375 ml
½ tasse	canneberges séchées	125 ml

Chauffer le four à 375 °F (190 °C).

Dans un bol, mélanger les œufs, l'huile, le sirop d'érable et la vanille.

Dans un autre bol, mélanger la farine, la poudre à pâte, le bicarbonate et le sel.

Incorporer graduellement le mélange sec au mélange humide. Bien remuer.

Ajouter les pommes et les canneberges.

Déposer le mélange dans un moule à pain huilé. Saupoudrer le dessus du pain avec un peu de cannelle et de sucre granulé.

Cuire au four 40 minutes.

Sur la photo, on a utilisé des petits moules à pain et on a saupoudré du sucre à glacer.

Pain aux courgettes

La petite touche de vert donne beaucoup de charme à ce pain savoureux. Parfait pour les enfants qui ne mangent pas beaucoup de légumes !

2	œufs	2
⅓ tasse	huile végétale	75 ml
½ tasse	yogourt nature	125 ml
⅓ tasse	cassonade	75 ml
1½ tasse	courgettes, râpées	375 ml
1½ tasse	farine non blanchie	375 ml
⅓ tasse	germe de blé	75 ml
1 c. à thé	bicarbonate de sodium	5 ml
2 c. à thé	poudre à pâte	10 ml
1 pincée	sel	1 pincée
½ tasse	dattes séchées, hachée	125 ml

Chauffer le four à 350 °F (175 °C).

Dans un bol, mélanger les œufs, l'huile, le yogourt, la cassonade et les courgettes.

Dans un autre bol, mélanger la farine, le germe de blé, le bicarbonate, la poudre à pâte et le sel. Incorporer le mélange sec aux ingrédients humides.

Ajouter les dattes hachées. Bien mélanger à l'aide d'une cuillère de bois.

Déposer dans un moule à pain huilé.

Cuire au four 45 à 50 minutes.

Pain banane et dattes

¼ tasse	beurre, ramolli (ou margarine)	60 ml
⅓ tasse	cassonade	75 ml
½ tasse	crème sure légère	125 ml
2	œufs	2
1 tasse	courgettes, râpées	250 ml
1	banane, écrasée	1
1½ tasse	farine au choix	375 ml
2 c. à thé	poudre à pâte	10 ml
1 c. à thé	bicarbonate de sodium	5 ml
1 pincée	sel	1 pincée
½ tasse	dattes séchées, hachées	125 ml

Chauffer le four à 350 °F (175 °C).

Dans un bol, battre le beurre avec la cassonade. Ajouter la crème sure, les œufs, les courgettes et la banane.

Dans un autre bol, mélanger la farine, la poudre à pâte, le bicarbonate et le sel. Ajouter les ingrédients secs aux ingrédients humides. Bien mélanger.

Ajouter les dattes.

Verser dans un moule à pain bien huilé.

Cuire au four 50 minutes.

Gâteau aux carottes

L'ananas frais ou en boîte donne une touche magique à ce gâteau.

½ tasse	huile végétale	125 ml
½ tasse	sirop d'érable	125 ml
3	œufs	3
⅓ tasse	yogourt	75 ml
½ tasse	ananas, en purée	125 ml
2 tasses	carottes, râpées	500 ml
2½ tasses	farine non blanchie	625 ml
1 c. à thé	poudre à pâte	5 ml
1 c. à thé	bicarbonate de sodium	5 ml
1 c. à thé	cannelle	5 ml
1 pincée	sel	1 pincée
¾ tasse	raisins secs	175 ml

Chauffer le four à 375 °F (190 °C).

Réduire les ananas en purée au robot.

Dans un bol, mélanger l'huile, le sirop d'érable, les œufs, le yogourt, la purée d'ananas et les carottes.

Incorporer graduellement la farine, la poudre à pâte, le bicarbonate, la cannelle et le sel. Bien mélanger.

Ajouter les raisins secs.

Déposer dans un moule rectangulaire huilé.

Cuire au four 50 minutes, ou jusqu'à ce que le gâteau soit ferme.

Petits gâteaux

Les enfants sont fous des petits gâteaux ! Donne 12 gâteaux.

Pour les muffins

¼ tasse	beurre, ramolli (ou margarine)	60 ml
⅓ tasse	cassonade	75 ml
⅔ tasse	yogourt	150 ml
⅔ tasse	lait de soja à la vanille	150 ml
2	œufs	2
1⅓ tasse	farine non blanchie	325 ml
1 tasse	farine de blé entier	250 ml
2 c. à thé	poudre à pâte	10 ml
1 pincée	sel	1 pincée
⅓ tasse	dattes séchées, hachées	75 ml

Pour la garniture

3 c. à soupe	lait de soja à la vanille	45 ml
3 c. à soupe	cassonade	45 ml
1 c. à soupe	beurre (ou margarine)	15 ml

Chauffer le four à 375 °F (190 °C).

Dans un bol, battre le beurre avec la cassonade. Ajouter le yogourt, le lait et les œufs.

Dans un autre bol, mélanger les farines, la poudre à pâte et le sel. Ajouter graduellement le mélange sec au mélange humide. Ajouter les dattes.

Verser la pâte dans des moules à muffins huilés.

Cuire au four 20 minutes. Laisser tiédir et démouler.

Pour la garniture, déposer le lait de soja, la cassonade et le beurre dans un petit chaudron. Porter à ébullition et poursuivre la cuisson 1 minute. Verser délicatement la garniture sur les petits gâteaux.

Croustade aux fruits

Cette croustade s'apporte facilement en petites portions pour l'heure du lunch. Une petite gâterie du vendredi peut-être ? Il faut mettre une bonne quantité de sucre pour adoucir le goût acidulé de la rhubarbe.

3 tasses	fraises surgelées	750 ml
1 tasse	rhubarbe, en dés	250 ml
2 c. à soupe	farine de blé entier	30 ml
1 tasse	flocons d'avoine, non cuits (gros flocons)	250 ml
1 tasse	farine de blé entier	250 ml
½ tasse	beurre, ramolli (ou margarine)	125 ml
½ tasse	cassonade	125 ml

Chauffer le four à 400 °F (200 °C).

Dans un bol, mélanger les fraises, la rhubarbe et 2 c. à soupe (30 ml) de farine. Cuire au micro-ondes 5 minutes à puissance maximale. Verser le mélange dans un moule rectangulaire allant au four.

Dans un autre bol, mélanger les flocons d'avoine, la farine (1 tasse-250 ml), le beurre et la cassonade. Déposer sur le mélange aux fruits.

Cuire au four 30 minutes.

À propos de l'auteure

Animatrice à la Radio RockDétente depuis 10 ans, Marie-Claude Morin est curieuse, allumée, dynamique et... maman de trois jeunes enfants !!!

Végétarienne de longue date et passionnée de cuisine, *L'Express végétarien* (2005) a été son premier projet de livre de recettes. Elle avait alors envie de rendre accessibles à tous la cuisine végétarienne et la cuisine santé.

Puis arrive un premier enfant. Pendant son congé de maternité, elle travaille aux recettes du livre *La Bible des soupes* (2006), aujourd'hui vendu à plus de 30 000 exemplaires.

Puis arrive un deuxième enfant. Et dans son sillage l'idée de proposer des recettes pour donner un coup de pouce aux familles. *Recettes pour bébés et enfants* viendra au monde à l'automne 2008, pas très longtemps après la naissance de son troisième enfant.

Marie-Claude Morin vous propose aujourd'hui ses créations avec *Boîte à lunch pour enfants*. « Parce que les enfants grandissent et que moi aussi j'ai besoin d'une nouvelle banque d'idées de recettes ! »

Toujours le même objectif : proposer des recettes faciles, accessibles et santé.

Pour joindre l'auteure :
mariecmorin@hotmail.com

Index